WIR SIND HELDINNEN
Unsere Geschichten

S V K

w_orten
& meer

Gefördert durch

SVK: Wir sind Heldinnen! – Unsere Geschichten.
1. Auflage, Berlin: w_orten & meer, 2017.
ISBN 978-3-945644-11-9

Entstehung unter Projektleitung durch:
Olenka Nadia Bordo Benavides, Pasquale Virginie Rotter
und Melody LaVerne Bettencourt

Lektorat: w_orten & meer
Gestaltung/Satz: Zanko Loreck, www.zankoloreck.de
Coverillustration: SVK
Foto SVK (Rückseite): Deborah Moses-Sanks
Fotos innerhalb des Buches: Leoní Rahel Weber Bordo, S. 8/9, 127-140.
Druck: Oktoberdruck AG, Berlin
Papier: RecyStar Polar Recyclingpapier, FSC-zertifiziert mit Blauem Engel
Printed in Germany

RECYCLED
Papier aus
Recyclingmaterial
FSC
www.fsc.org   **FSC® C002890**

w_orten & meer GmbH
Verlag für antidiskriminierendes Handeln
Hasenheide 73, 10967 Berlin
E-Mail: kontakt@wortenundmeer.net
www.wortenundmeer.net

Bibliografische Information der Deutschen Nationalbibliothek
Die Deutsche Nationalbibliothek verzeichnet diese Publikation in der
Deutschen Nationalbibliografie; detaillierte bibliografische Daten sind
im Internet über http://dnb.dnb.de abrufbar.

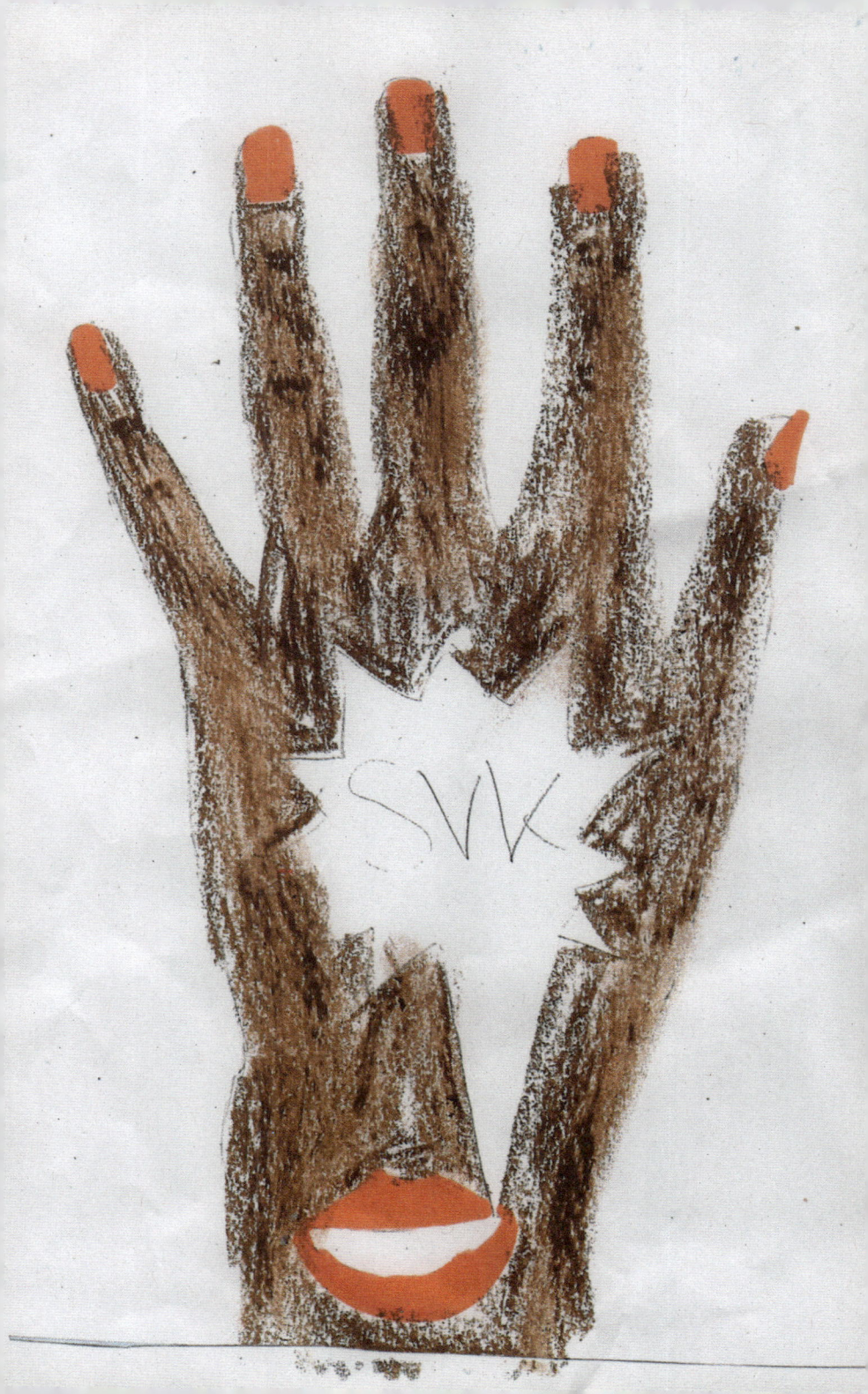

8

teiler

Detektiven

Flucht

fuerza

Vertrauen

Strategien

das Gefühl, klein gemacht zu werden

compartir

Mut Angst Stärke

In diesem Buch geht es um:

Mädchen

Freund_innenschaft

Mädchen Power

Gemeinsamkeiten

Langsamkeit

Das ist Mama, das ist eine Blume

Alma Camille Scholl Bettencourt

*Ich widme meine Geschichte den
Regenbogen-Einhörnern und meiner Mama*

ALMA 5

Diesen Hund, diesen grünen

Ich male anders den Hund: so anders.

male ich immer diese Blumen.

So wie diese Blume.

Ich male die Menschen anders so

die Roten sind die Locken

13

ALMA'S Geschichte

Das ist Mama mit einem Hündchen. Das Hündchen ist das grüne hier.

Ich habe sie in Schwarz gemalt, weil sie das mag: ihre Lieblingsfarbe ist Schwarz. Weil Mama Schwarz mag habe ich extra gemalt.

Das ist eine Blume
solche Blumen
kann ich sehr gut.
So wie diese Blume,
So male ich immer
diese Blumen.
Diesen Hund,
diesen grünen
da. Ich male
anders den Hund
so anders.

Dulce, M hat für
Alma geschrieben

Keine Ahnung

Yolanda Magdelly Weber Bordo

Ich widme meine Geschichte
Vanessa, Noeli und allen, die mein Buch lesen.
Und meiner Familie

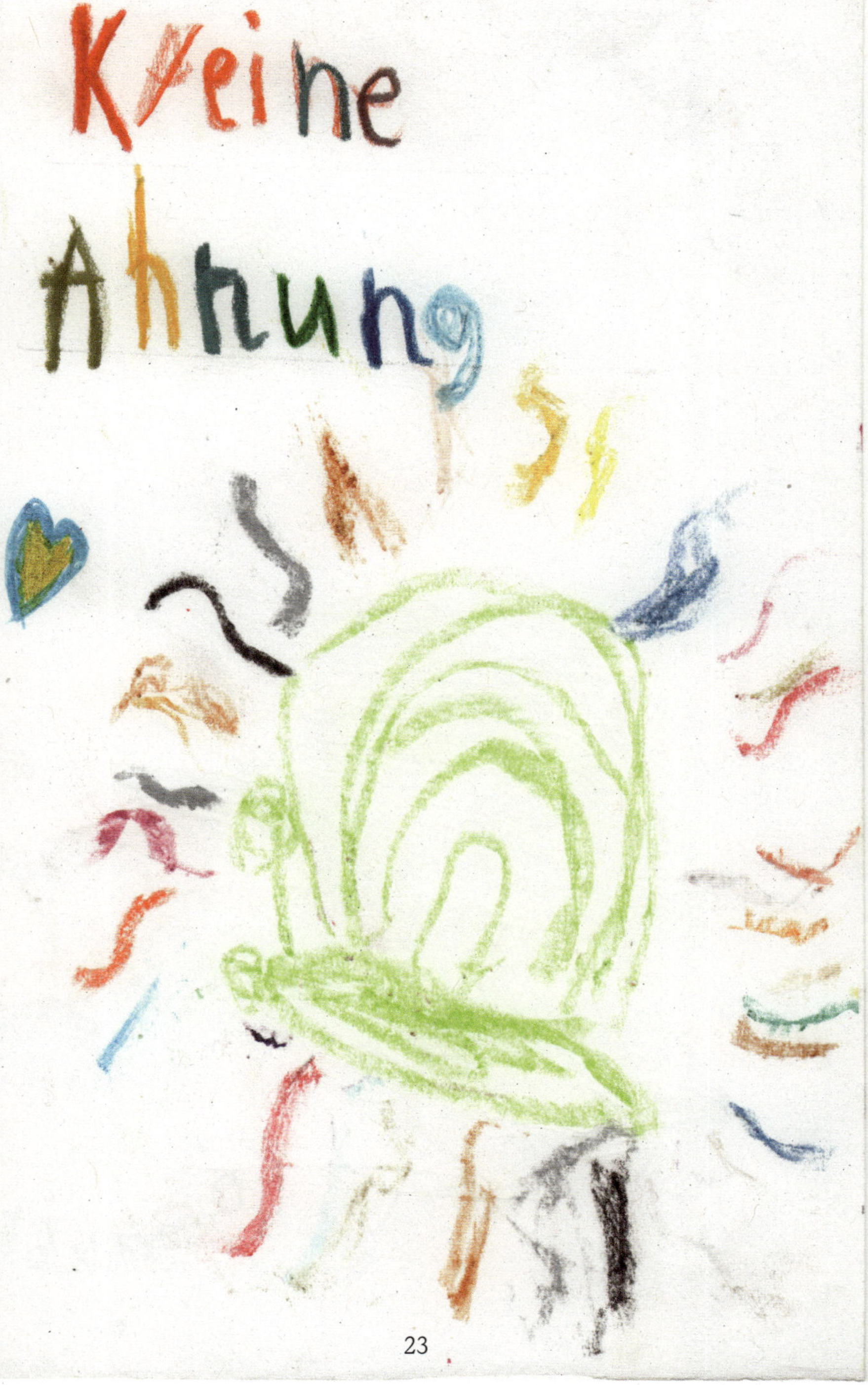
Keine
Ahnung

Das ist meine Familie

ich

Lila

Otihpay

Anay

Papá

Mamá

Das ist eine Geschichte, die mir ih meiner Schule passiert ist.

Das ist meine Schule

ich Gehe manchmal traurig zur sd Schule.
Schaut euch meine Fühler an:

Das G inich

Es geht um den Sport-unterricht.

Lecker Apfel

Ich glaube, dass die Lehrerin gedacht hat, ich bin ganz langsam.

Das fand ich sehr komisch, aber nicht lustig. Aber ich habe meiner Familie nichts erzählt.

Sie fragten immer: „Was ist los Yoli?"

Ich habe das nicht verstanden, denn ich habe mich ja beeilt und ich habe gedacht, ich bin ganz schnell. Sie sagte wieder:

BEEILE DICH!

ich schrumpfe...

Ein mal gab es ein Elterngespräch. Meine Eltern gingen hin.

Am nächsten Tag fragten sie mich am früshztücks tisch:
Nichts
Was ist los you!?

Und am nächsten Tag fragten sie mich wieder am Frühstückstisch: „Yoli was ist los beim Sport?" Da saß die ganze Familie zusammen: Meine Eltern, Anay, Lila, Otihpar und ich.

Diesmal erzählte ich ihnen alles, dass die Lehrerin sagt, dass ich beim An- und Ausziehen die langsamste bin und dass sie immer zu mir „beeile dich" sagt.

Ich erzählte ihnen auch, dass ich mir wünsche, ich hätte zu der Lehrerin gesagt: „Ich beeile mich doch!"

Lila erinnerte sich an ihrer Grundschulzeit

„Ich habe dasselbe erlebt! Ich ging dann mit Sportsachen zur Schule, als es Sport gab, das mache ich immer noch"

Ich überlege und hatte eine Idee:

Ich werde auch meine Sportsachen unter meinem Schneckenhaus anziehen, dann brauche ich es nur ausziehen!

Li la hat mir
so magische
Kräfte gegeben,
dass hat aber keine
andere Schnecke
bemerkt.
Ich wurde eine
Superschnecke

DANKE Lila!

Für die lehrerin soll alles schnell gehen: Stifte aus der federmappe raus holen, Rechnen, Schreiben oder Sich umziehen. Sie vergisst, dass wir alle eigentlich Schnecken sind und. Ich brauche meine Zeit.

Ich Glaube sie hat manchmal keine Ahnung!

Ich und mein Leben voller Überraschungen!

Maria del Mar Behling Michelsen Castañón

Ich danke der ganzen SVK-Gruppe, meinen Freundinnen und meiner Familie

»Aufstehen!«, Mama kam ins Zimmer gestürmt: »Wir haben verschlafen, los steh auf!«

»Gleich«, sagte ich müde. Doch da erinnerte ich mich, dass ich heute in eine neue Schule gehe. Übrigens, ich heiße nicht ich, sondern Ella.

Ich ziehe mich an und renne die Treppe runter. In der Küche esse ich mein Frühstück, wo Papa gerade am Tisch sitzt, ich laufe noch einmal hoch, damit ich meinen Rucksack noch holen kann. Und nun hüpfe ich aufgeregt zur neuen Schule. Leider muss ich mit der U-Bahn fahren, obwohl ich es eigentlich überhaupt nicht mag, mit der U-Bahn zu fahren. Ich kaufte mein Ticket und stieg in die U-Bahn ein. Endlich war ich da. Ich ging nach vorne zur Schule. Doch es war eine andere Schule. Ich ging weiter. Jetzt sollte eigentlich die Schule vor mir stehen ... doch wo die Schule stehen sollte, steht nur ein Baum. Ich ging um den Baum herum. Da sah ich eine Tür.

Ich öffne die Tür und gehe hinein, auf einmal fällt die Tür hinter mir zu. Vor mir steht jetzt eine große Treppe.

Ich gehe zwei Stufen hoch, plötzlich verschwindet die Treppe und ich falle runter. Überraschenderweise fiel ich weich auf Gras. Kurz darauf kam die Königin. Warum ich das weiß? Weil sie es mir gesagt hat. Sozusagen – in dem Baum war auch eine Strickleiter nach oben.

Nun gehe ich mit der Königin zum Schloss, dort erzählt sie ganz viel, so ungefähr:

»BLA, BLA, BLA, BLA. Es gibt Wind- und Eis-Geister. Wenn sie dich auf dem Handy anrufen und dich zum Krieg auffordern, dann musst du das Land panzern und dich bereit machen, wenn Wind kommt, heißt es, dass die Geister da sind.«

»Die Kuh, die Kuh«, »Mein Handy klingelt« – »Hallo?« – »Hiiiiiiiiiiiiiiiiiier issssssssst eeeeiiiiiinnnnn Geeeeiiiiiiiisst. Wir Wollen Krieg!« – diiit diiit diiit …

Sie: »Er hat einfach aufgelegt!«

Ich: »Wer?«

Sie: »Na, der Geist. Sie wollen schon wieder Krieg!«

Ich: »Wieso schon wieder?«

Sie: »Weil es schon Krieg gab.«

Ich: »Ach so.«

Die Königin bläst durch ein Horn. Ich fragte sie: »Wieso bläst du durch das Horn? Niemand weiß doch, dass sie ihre Häuser panzern sollen.«

»Doch!«, sagte die Königin, »so machen wir es immer«, und Ella antwortete: »Okay!«

Gesagt getan, nach einer Minute ist das ganze Land gepanzert. Plötzlich fühle ich eine sehr kalte, eisige Brise. »Königin, ich fühle eine sehr kalte Brise.« Die Königin ruft: »Die Geister sind da«.

»Als der Krieg vorbei ist, sage ich: »Ich muss wieder nach Hause.« »Wenn die Rosen vertrocknen, bin ich tot!«, rief die Königin hinterher.

Am nächsten Morgen gehe ich wieder in den Baum. Doch dieses Mal lande ich nicht weich auf Gras, sondern im Schloss der Königin.

Sie erklärt mir wieder alles. Ihr Handy klingelt: »*die Kuh, die Kuh*«, da ist der Geist und will Krieg, sie bläst durch das Horn, das Land ist wieder in einer Minute gepanzert, es gibt einen Minikrieg. Ich gehe wieder nach Hause und sage: »Tschüss!«

Die Königin ruft: »Dann gehe!«

Als ich wieder zu Hause angekommen bin, merke ich, dass alles sich wiederholt, dass das Handy wieder klingelt, dass der Geist dran ist und so weiter. Ich war echt traurig, als ich das bemerkte.

Ich erzählte alles meinen Eltern, das mit dem Baum, mit der Königin, das mit dem Handy, das mit den Geistern, mit dem Krieg, das Tschüsssagen, die Wiederholung von allem, und dass ich bemerkte, dass sich alles wiederholt.

Ich fing an zu weinen. Mama und Papa nahmen mich in die Arme und drückten mich ganz fest. Draußen regnete es und es war auch dunkel.

In diesem Moment war es einfach perfekt, in einer warmen Wohnung zu sitzen und mit meinen Eltern zu kuscheln, das war jetzt einfach die beste Medizin gegen weinen und traurig sein. »Ich bin traurig, weil die Königin ja gesagt hat, dass, wenn die Rosen vertrocknen, sie sterben wird«.

Ein kleiner Reim dazu: Weinen tut gut gegen die Wut!

3 JAHRE SPÄTER...

Wir ziehen um. Wir ziehen in eine neue, naja, in eine alte Wohnung ein. Sie hat fünf Zimmer und zwei Flure, einen schmalen Flur und einen Zimmerflur, naja, Zimmer passt nicht, aber ich meine ja auch, dieser eine Flur ist nur so groß wie ein Zimmer.

Ich bin jedenfalls kein Einzelkind. Ich habe eine jüngere Schwester aber ich habe trotzdem ein eigenes Zimmer.

Ich wohne neben der Schule, trotzdem muss ich um 7:00 Uhr aufstehen. Meine Schwester muss erst um 8:00 Uhr aufstehen, weil sie noch in der Kita ist. Von mir aus sieht das so aus, dass sie echt viel Glück hat, doch sie sagt: »Ich möchte mehr schlafen.«

Das finde ich echt komisch, naja, jetzt will ich erst mal mein neues Zimmer bewundern.

Am nächsten Morgen muss ich in die neue Schule gehen. Ich sitze neben einem Mädchen namens Stella. Ein paar Wochen später bin ich schon echt gut mit Stella befreundet. Wir schreiben uns in den Unterrichtsstunden Briefe. Ich zeige euch mal ein Paar von den Briefen. Das ist aber Geheimschrift, also versteht ihr das nicht. Hier ein Brief von mir an Stella:

H o h a l o l o   S o s t o t e l o l a

Das war jetzt kein ganzer Brief, aber ein kleiner Ausschnitt von einem Brief.

Viele Jahre vergingen. Ich bin jetzt 21 Jahre alt. Morgen ziehe ich in meine eigene Wohnung. Sie hat einen Flur, ein Bad, ein Wohnzimmer und ein Schlafzimmer. Das Schlafzimmer hat noch keine Farbe an den Wänden, das wird wahrscheinlich viel Arbeit für mich. Ich will Künstlerin werden, aber ich will auch gerne Zimmerfrau sein. Naja, Zimmerfrau sein macht vielleicht anderen Leuten nicht so viel Spaß, aber ich möchte Zimmerfrau sein.

Mein erster Tag im Schlosshotel

Ich ging ins erste Zimmer und putzte los. Auf einmal fiel ich durch eine Klappe aus Stein. »Hilfe!«, rief ich. Plötzlich stand ich in einem dunklen Raum mit einem Tisch, wo ein Laptop drauf stand, dort war die Königin auf dem Laptop zu sehen und das Land.

Jetzt wurde mir klar, dass ich in einem Videospiel war, nichts Anderes, sonst wäre hier nicht immer das Gleiche passiert. Ich wollte herausfinden, wer diese verbotene Sache veranstaltet hatte. Es war verboten, weil jeder könnte dort rein gegangen sein und alle könnten bei dem Krieg sterben. Ich versteckte mich unter dem Tisch und wartete.

Auf einmal kam ein Mann, er ist blond, seine Haut ist weiß und hat blaue Augen, er war einmal berühmt, er ist sehr rassistisch und er war gegen die Schwarzen Menschen und er heißt Ohrhahn, da muss ich lachen, dass er so heißt, aber leise.

Ich finde es gemein, dass er die Schwarzen Menschen blöd findet, die haben doch nichts getan. Das ist ungerecht!

Ich schlich aus dieser Geheimkammer. Am Abend zu Hause rief ich die Polizei an! ...

Ich rutschte als erstes den Geheimgang runter, danach die Polizei. Wir versteckten uns und warteten, bis er kam. Plötzlich sprangen wir aus unserem Versteck. Die Polizei verhaftete ihn.

Ich durfte selber den Zeitungsartikel schreiben. Ich entschied mich für die Arbeit: Detektivin.

Yeapi, endlich habe ich eine neue Arbeit, die spannend ist und man verdient auch was, ne!

The End

Heldenhafte Freundschaft

Fiona Riebe

Ich widme diese Geschichte meinen besten Freundinnen: Maya, Yana und Dulce, ich habe euch lieb! Und auch meiner wunderbaren Familie in Kolumbien. Ich hoffe, ich sehe euch bald wieder!

Wurdet ihr schon einmal gemobbt?

Das Mädchen, über das ich jetzt erzähle, auf jeden Fall schon.

Lea war neun Jahre alt und in der 3. Klasse. Sie wurde von allen Kindern schlecht behandelt und mit schlimmen Schimpfwörtern beschimpft.

3. Klasse, ja, ihr habt richtig gehört. Normalerweise wäre sie jetzt in der 4. Klasse aber in der Schule kam es so weit, dass die Lehrer_innen glaubten, dass Lea total »schlecht« sei! Doch eigentlich war es ganz anders: Lea war hochbegabt, nur sie traute sich nicht, es zu zeigen.

Wo war ich stehen geblieben? Ach ja, Lea wurde immer wieder beschimpft. Sie wohnte mit ihren Eltern in der Müllerstr. 19. Lea hatte lange schwarze Haare, die sie gerne in zwei Zöpfen trug und sie hatte eine Brille.

Sie ging jeden Morgen alleine zur Schule.

Eines morgens, als sie unterwegs war, näherten sich von hinten zwei ältere Jungen. Sie packten Lea an den Schultern und zogen sie ins Gebüsch. Als sie sich wieder besinnen konnte, sagte der eine Junge zu ihr: »Jetzt hör mal zu, du kleiner Hosenscheißer.« Die Jungs lachten. »Also du gibst uns jetzt jeden Morgen um die gleiche Uhrzeit dein ganzes Essensgeld.« Lea war weiß vor Schreck. Sie wurde wieder rausgeschubst, sie guckte sich um, doch die Jungs waren nicht mehr zu sehen. Als sie an der Schule ankam, war es das Gleiche wie immer, sie wurde angerempelt und hin und her gestoßen, aber heute machte ihr das nichts aus. Sie dachte immer nur an die beiden Jungs. Zwei Tage vergingen, dann drei und es ging immer weiter mit der Erpressung, und Lea musste Tag für Tag ihr Essensgeld, das sie täglich von ihren Eltern bekam, abgeben.

Ich finde das richtig ungerecht und gemein, was mit Lea gerade passiert.

Als dann der letzte Tag vor den Osterferien vor der Tür stand, erwartete sie eine Überraschung an der Schule. Kaum setzte sie sich an ihren Platz, sprach die

Lehrerin auch schon los: »Liebe Kinder der Klasse 3C, ab heute sind wir nicht mehr 20 Kinder, sondern 21 Kinder. Bitte begrüßt Clarissa.« Leas Herz klopfte. Seit Langem hatte sie keine Hoffnung mehr verspürt. In Leas Kopf gingen Tausende von Gedanken herum. Sie fragte sich, ob sie endlich eine Freundin haben würde. Die Tür ging auf und ...

Lea war erschrocken, als sie das Mädchen sah. Clarissa hatte lange, braune, in einem Zopf geflochtene Haare und wunderschöne große, braune Augen. Sie trug ein dunkelblaues Kleid mit weißen Sternen drauf. Lea fand sie wunderschön, aber sie wusste, sie hatte bei ihr keine Chance. Sie guckte sich um, und sah, dass alle Clarissa anstarrten. An diesem Abend aß Lea nichts.

Am nächsten Morgen, als Lea auf dem Hof in der Schule war, guckte sie sich nach Clarissa um, aber sie sah sie zuerst nicht. Doch als Lea genauer hinschaute, sah sie sie, mitten in einem Getümmel von Kindern. Lea drehte sich schnell um und setzte sich auf eine Bank ganz hinten im Hof. Der Wind wehte in ihren Haaren. Plötzlich hörte Lea ein: »Hey, du peinliches

Ding!« Lea schreckte hoch, vor ihr standen ein paar Mädchen aus der 4. Klasse. Die Mädchen redeten weiter: »Wieso machst du denn nichts? Hast du nichts zu tun? Hättest du vielleicht Lust unsere Schuhe zu putzen? Oh nein, lieber fragen wir dich nicht, bitte wärest du jetzt so lieb UNS UNSERE SCHUHE ZU PUTZEN?! Und zwar sofort! Na, hop, hop, du Hosenscheißer!«

Und dann musste Lea den ganzen Vormittag Schuhe putzen. Als Lea dann nachmittags nach Hause ging, packte sie von hinten jemand an der Schulter und zog sie ins Gebüsch. Ihr könnt euch ja denken, was Lea in diesem Moment dachte. Sie nahm an, dass es die zwei Jungs waren, die sie erpresst hatten. In diesem Moment hätte sie wohl auch gedacht, dass die Jungs ihre Erpressung erhöhen wollten. Das heißt, dass Lea ihnen mehr Geld geben müsste. Doch als Lea die Augen öffnete, war es eine ganz andere Person, die sie festhielt und außer Atem war. Es war Clarissa, die hinter Lea her gerannt war. Lea war noch blass und verängstigt. Genau wie an dem Tag, als die Jungen kamen. Und dann traute sich Lea zu fragen: »Was willst du?« Clarissa fragte erschöpft zurück: »Wieso bist du so unbeliebt? Und wieso beschimpfen dich alle? Ich finde das gemein und unnötig. Tut mir Leid, dass ich damit so plötzlich komme, aber ich habe dich so oft auf der Hofpause gesehen und dich nie mit anderen Kindern beobachtet und das verstand ich nicht. Ich wollte zu dir aber alle haben mich festgehalten. Ich wollte mich entschuldigen, weil ich es da nicht geschafft habe zu dir zu kommen, verzeihst du mir?«

Jetzt war Lea total durcheinander, und sie schwieg eine Weile. Trotzdem brachte sie noch einen leisen Ton aus sich heraus: »Wow, du bist ja echt neugierig, und ich weiß jetzt echt nicht, was ich sagen soll, denn ich stehe gerade vor dem schönsten Mädchen der Welt und dazu bist du auch noch so beliebt.« Clarissa antwortete: »Ach, das ist nicht schlimm und außerdem bist du auch total hübsch, wenn ich ehrlich bin, ich beneide dich.« Jetzt war Lea überrascht und sie stotterte: «M m meinst du du d d das e e ernst?« Sie hörte Clarissa antworten: »Ja, aber natürlich meine ich das ernst. Und wenn du willst, kannst du mir deine Geschichte erzählen, also warum du beschimpft wirst und so weiter.« Bei dem Wort Geschichte wurde Lea blass, aber dann fasste sie sich doch noch ein Herz und sagte: »Ich glaube nicht, was ich hier tue. Ich erzähle es dir, es fing so an ...«

Und dann erzählte Lea Clarissa die ganze Geschichte, sie waren übrigens immer noch im Busch. Sie erzählte ihr, wie sie neu in die Klasse kam, wie alle sie geärgert und ausgelacht haben, weil sie an einem Wandertag auf einer Bananenschale ausgerutscht ist, und wie sie dann das unbeliebteste Mädchen der Schule wurde. Als Lea zu Ende geredet hatte, war es für einen Moment still im Busch. Dann sagte Lea: »Und wenn ich dir vertrauen kann, möchte ich dir noch etwas sagen.« Clarissa antwortete: »Hey du, natürlich kannst du mir vertrauen, was glaubst du denn, warum ich hier bin?« »Na gut«, sagte Lea, »also ich habe extra schlechte Noten geschrieben, weil ich Angst hatte, dass mich alle als Streberin bezeichnen würden.« Dazu sagte Clarissa: »Ok, das ist mir jetzt wirklich zu viel, dass jemand dich mobbt, das ist echt nicht okay, wir müssen etwas unternehmen ... Bist du damit einverstanden?« Lea sah nach langer Zeit endlich wieder glücklich aus und antwortete: »Ja!«

Sie verabredeten sich für jeden Montag, sich im Busch zu treffen, um Pläne zu schmieden.

Am dritten Montag sagte Clarissa zu Lea: »Hör zu, meine Freundin ...« den letzten Satz konnte Lea nicht mehr hören, denn sie war sprachlos, und dann tauchte wieder diese Traurigkeit in ihrem Gesicht auf. Sie fragte beunruhigt: »Freundin? Habe ich das richtig gehört?« Clarissas Gesicht wurde auch traurig, sie sagte ganz leise: »Also ich meinte das ernst aber mö möchtest du denn nicht meine Freundin sein?« Lea sagte daraufhin: »Nein, nein, es ist nur ... Ich hatte noch nie eine Freundin.« Clarissa fragte verwundert: »Echt nicht?« Und sie fügte gleich hinzu: »Und wenn nicht, dann hast du jetzt eine.« Dann fing Lea an, laut zu lachen, sie lachte so lange, bis Clarissa auch mitlachen musste. Und dann passierte etwas Magisches: Sie öffneten beide ihre Arme und umarmten sich.

Endlich hatte Lea eine Freundin. Der nächste Tag war ein Dienstag. Als Lea auf dem Schulhof war, saß sie wieder auf der Bank, plötzlich hörte Lea ein leises: »Buh!« Sie drehte sich um und zu ihrer Freude stand da Clarissa. Sie guckte Lea aus ihren großen dunklen

Augen an. Nach einem kurzen »Hallo« und »Wie geht es dir?« setzte sich Clarissa neben Lea. Aber schon nach ein paar Minuten kamen mehr und mehr Kinder um sie herum. Auch die zwei Jungs, die Erpresser, waren dabei. Nach einer Weile fragten sie: »Hey Clarissa, müssen wir dich jetzt auch Hosenscheißer nennen, weil du scheinbar zu ihr gehörst?« Clarissa zögerte einen Moment. Dann stand sie langsam auf und stellte sich auf einen Stein. Sie sagte laut und bestimmt: »Hey Leute, ich weiß, dass ich damit meine Beliebtheit verlieren werde, aber das ist mir echt egal. Ich tue es für Lea«, sie schluckte und fuhr fort: »Meine Freundin.« Bei dem Wort erschreckten alle Kinder, aber Clarissa interessierte das nicht, sie redete einfach weiter: »Wenn ihr mit mir noch etwas zu tun haben wollt, müsst ihr aufhören, Lea zu mobben!« Leas Augen leuchteten vor Freude. Clarissa erzählte weiter: »Sie hat mir alles erzählt UND ich möchte auch, dass die Erpressung aufhört! Und wenn ihr das hier nicht befolgt, möchte ich, dass ihr mich auch mobbt.«

Ich glaube, das wollte keines der Kinder. Aber nicht nur das, denn plötzlich sagte ein Mädchen: »Clarissa, jetzt wo du es sagst, merke ich, es war so was von überhaupt nicht okay, Lea zu mobben. Und Lea, das meine ich jetzt wirklich ernst: Es tut mir leid.«

Nach und nach sagten alle Kinder diese wunderbaren Worten zu Lea. Außer zwei, und zwar die beiden Jungen, die Lea erpresst hatten. Sie sagten laut: »Och ne, Leute, ihr seid doch nicht bei denen, ach so und Clarissa, übrigens, wir denken nicht daran, mit der Erpressung aufzuhören, und erst recht nicht geben wir Lea das Geld zurück!«

Plötzlich passierte etwas Einmaliges: Alle Kinder, die da standen, taten sich zusammen und guckten die Jungen so Böse an, dass sie nur von diesen Blicken sich schlecht fühlten und wegrannten. Sie haben sich nicht mehr getraut, sie zu ärgern.

Lea fühlte sich glücklich und erleichtert und so kam es dazu, dass Lea und Clarissa beste Freundinnen wurden.

Und jetzt sage ich euch nur: Behandle die anderen nur so, wie du selbst behandelt werden willst!

Die gefährliche Reise

Yara Fuentes Abreu

*Ich widme meine Geschichte meinen besten
Freundinnen, weil sie immer für mich da waren, wenn
ich sie gebraucht habe.
Maya und Alicia, ich liebe euch*

Ich habe mir diese Geschichte ausgedacht, weil ich das Thema sehr wichtig finde, und ich habe sehr viel darüber aus den Medien, Radio und Fernsehen gehört und ich habe mir gedacht, dass, wenn ich so eine Geschichte schreibe, dass die Menschen sich das besser vorstellen können, was Flucht ist, sein zu Hause verlassen zu müssen und vielleicht nicht mehr dahin zurück zu kommen.

Ich habe in den Nachrichten gehört, dass Boote gekentert sind und dass viele Menschen ertrunken sind.

Ich habe in den Nachrichten auch gesehen, dass es immer schlimmer wird und dass viele Häuser, Schulen und Krankenhäuser zerstört werden. Es werden auch viele ganze Städte bombardiert. Es wurde berichtet, dass es in den Kriegsgebieten kaum etwas zu Essen und zu Trinken gibt. Das machte mich sehr wütend und traurig.

Und es gibt viele Leute, die nicht wollen, dass Menschen, die fliehen, hierherkommen, zum Beispiel wegen ihrer Religion, oder sie denken, dass sie etwas Böses tun, was sie nicht machen, sie sind auch Menschen. Ich finde das ungerecht.

Ich finde es gemein von denen, die nicht möchten, dass die Menschen hier nach Deutschland fliehen. Ich finde es gemein, weil wenn in Deutschland Krieg wäre und wir in ein anderes Land fliehen müssten, möchten wir auch nicht schlecht behandelt werden.

Stell dir mal vor, du lebst in einem Land, welches du verlassen musst, weil dort Krieg herrscht. Es ist ein schreckliches Gefühl, da du nicht weißt, ob du je wieder zurück kommen kannst. So ist es mir und meiner Familie gegangen.

Ich heiße Samira, das bedeutet »die Blume« und ich bin 11 Jahre alt. Als unser zu Hause nicht mehr existierte, wegen den Bomben, haben meine Eltern entschieden, dass wir in einem anderen Land Zuflucht suchen müssen. Meine Eltern verkauften alles, wofür sie noch Geld kriegen konnten, mitnehmen konnten wir sowieso nicht viel. Für uns fünf: meine Eltern, mein großer Bruder Aadil, meine kleine Schwester Mia und mich war es sehr teuer bis nach Deutschland zu kommen. Wir konnten nicht einfach zum Flughafen fahren und Tickets kaufen. Wir mussten durch mehrere Länder reisen. Manchmal haben wir uns versteckt in Autos oder im Laderaum von Lkws und einmal auf einem Boot. Das war der schrecklichste Teil der Reise.

Wir hatten alle große Angst, denn es waren viel zu viele Menschen auf dem kleinen Boot. Viele beteten, andere weinten, und wieder andere, so wie ich, trauten sich nicht, sich zu bewegen, da wir dachten, dass wir ins Wasser fallen könnten.

Wir fuhren fast drei Tage lang. Ich konnte die ganzen Nächte fast nicht schlafen. Es war sehr kalt auf dem Boot. Die Wellen kamen fast hoch auf das Boot. Als wir in Italien ankamen, war unsere Reise noch nicht zu Ende. Es war sehr anstrengend und oft dachte ich, ich schaffe es nicht aber dann sagte ich mir: »Alles ist besser als auf dem Boot.«

Wir haben es bis nach Deutschland geschafft. Ob wir hier bleiben können, wissen wir nicht. Zur Zeit leben wir in einer Turnhalle. Das Leben mit vielen anderen Menschen in einer Turnhalle erscheint mir auch nicht wie das Paradies. Aber immerhin weiß ich, dass die Halle noch steht, wenn ich aus der Willkommensklasse komme. Ich lerne fleißig Deutsch, weil ich eine normale Schule besuchen und deutsche Mädchen kennen lernen möchte. Manchmal träume ich, wie wohl mein Leben in fünf Jahren aussehen wird.

Menschen, die keinen Krieg erlebt haben, können sich kaum vorstellen, wie es ist. Für mich war es schwer mir vorzustellen, wie die Menschen wohl das erleben, da ich selbst so was noch nie erlebt habe.

Ich wünsche mir, dass es keinen Krieg mehr gibt, dass die Menschen, die fliehen müssen, einen besseren Ort zum Leben für sich finden und dass die Menschen hier die Geflüchteten nicht schlecht behandeln.

Schreibe die Geschichte so weiter, wie du denkst!

Hast du etwas Ähnliches erlebt?

Was würdest du Samira und ihrer Familie wünschen?

Was kannst du machen, damit es uns – Samira, dir und mir – besser gehen kann?

Die Blume von samiras Name

Samira

Samira bedeutet
„Blume"

Der Linealladen

Yana Luisa Weber Bordo

Ich widme meine Geschichte meiner Mutter,
die immer für mich da ist, wenn ich sie brauche,
und auch meinen Freund_innen

Es war dunkel und ich hörte von überall merkwürdige Geräusche. Ich wusste nicht, wohin ich rannte, aber ich rannte! Neben mir hörte ich jemanden keuchen.

Ich erzähle euch besser alles von Anfang an.

Ich heiße Gwendolyn, bin *12* Jahre, *3* Monate und *2* Wochen alt. Ich trage immer eine Kette mit einem Herzanhänger um den Hals. Ich habe sie, seit ich denken kann. Außerdem habe ich eine Armbanduhr, durch sie weiß ich immer genau, wie spät es ist, und ich mag Zahlen. Vor *12* Tagen und *10* Stunden bin ich in eine neue Schule gekommen. Am Anfang freute ich mich, weil ich bei der anderen Schule keine Freundinnen hatte und die Lehrkräfte mich schlecht behandelt haben. Ich hoffte, dass das sich in der neuen Schule alles ändern wird.

Als ich zur Schule los lief, hatte ich gute Laune. Ich kam in meine neue Schule rein, sie war wunderschön und sah aus wie ein Schloss. Ich begab mich direkt zu meiner Klasse. Mir kamen die Tränen vor Freude und ich wischte sie mir schnell wieder weg. Ich war *26* Minuten zu früh. Vor der Tür stand keine andere Person. Nach *9* Minuten und *15* Sekunden kam eine Frau, schloss die Tür auf und sie tat so, als wäre ich nicht da. Ich verstand nicht, weshalb sie das tat, aber sie tat es. Ich ging in die Klasse hinein: Sie war wunderschön, es gab eine saubere Tafel, es gab schöne grüne Vorhänge, *2* Hamster in einem Käfig, die schliefen, und die Wand war voller Schränkchen mit Büchern und Krimskrams. Ich wusste nicht, wo ich mich hinsetzen sollte, denn ich kannte ja die Sitzordnung noch nicht. Ich wartete, doch niemand kam. Nach einer Weile kam die Frau rein, die die Tür davor aufgeschlossen hatte.

»**Hallo**«, sagte ich höflich.

»Hallo«, sagte die Frau.

»Wo soll ich mich hinsetzen?«, fragte ich.

»Ganz nach hinten in die letzte Reihe«, sagte sie.

Ich setzte mich in die letzte Reihe und wartete, bis

sich nach *5* Minuten und *3* Sekunden die Tür öffnete und *2* Mädchen reinkamen.

»Hallo«, sagte ich, doch sie hörten mir nicht zu.

Ich setzte mich also wieder hin. Die Mädchen guckten zu mir rüber und fingen an zu tuscheln. Ich fühlte, wie meine Wangen warm wurden, und konzentrierte mich, um nicht zu weinen, denn das wollte ich nicht vor diesen Mädchen tun.

Es kamen immer mehr Kinder in die Klasse, aber die meisten beachteten mich nicht. Es klingelte zum Stundenanfang. Der Unterricht verlief so: Ich musste mich vorstellen, und als ich meinen Namen sagte, fingen einige der Kinder an zu lachen! Es tat mir weh, aber ich wollte ja nicht weinen. Ich setzte mich wieder in die letzte Reihe und zählte langsam bis *10*, um mich zu beruhigen: *1, 2, 3 ... 10*!

Wir hatten Englisch, ich habe mich immer gemeldet, doch ich wurde nie rangenommen, denn vor mir saß ein riesiges Mädchen und die Lehrerin konnte mich nicht sehen. Um das zu ändern, nahm ich mir für den nächsten Tag vor ein langes Lineal mitzubringen, um gesehen zu werden, wenn ich mich melde. Der ganze Tag verlief so, wie ich bisher beschrieben habe: Ich wurde nicht beachtet.

Während der Pause ging ich schnell auf Toilette und dann wie alle anderen zum Hof. Da spielten einige Kinder meiner Klasse. Ich rannte zu ihnen und fragte, ob ich mitspielen dürfte. Sie sagten, dass ich bei der nächsten Runde mitspielen darf. Doch als die nächste Runde dran war, kam wieder das große Mädchen und versperrte mir unbeabsichtigt den Weg. Sie fingen ohne mich an zu spielen. Ich fragte wieder nach, ob ich mitspielen dürfte. Dann haben sie gesagt, dass sie schon angefangen hätten und dass ich zu spät gekommen wäre. Die Hofpause war wieder vorbei, und ich kam nicht dazu mitzuspielen.

Die Schule war zu Ende, und als ich nach *19* Minuten und *37* Sekunden zu Hause ankam, so lange dauert nämlich mein Nachhauseweg von der Schule, ging ich in mein Zimmer rein und ich suchte das große Lineal – Mist, wo liegt das Lineal nur, ich habe es doch letztes Mal auf dem Boden liegen lassen. Meine Eltern klopften an die Tür.

»Habt ihr mein großes Lineal gesehen?«, fragte ich.

»Das haben wir doch neulich deiner Cousine geschenkt«, hörte ich.

Ich ging ins Bett, aber ich konnte nicht einschlafen. Ich wusste nicht, was ich jetzt morgen zur Schule mitnehmen sollte, um hinter dem großen Mädchen gesehen zu werden. Um *2:54* Uhr schlief ich erst ein. Am nächsten Tag passierte das Gleiche wie am Vortag, ich meldete mich und die Lehrerin nahm mich nicht dran, ich fühlte mich ausgeschlossen, egal ob mit oder ohne Absicht, das war nicht schön. Ich hatte ja immer noch nichts, um mich bemerkbar zu machen. Am Ende des Unterrichts ging ich zur Lehrerin.

»Kann ich bitte irgendwo anders sitzen, denn ich kann Sie nicht sehen und ich glaube, Sie können mich auch nicht sehen?«, fragte ich.

»Das besprechen wir morgen. Jetzt muss ich los«, sagte sie.

»Ok! Ich gehe dann auch«, sagte ich und ging.

»Bis morgen«, sagte sie.

Ich lief nach Hause, als ich ankam, war es *15:23* Uhr. Ich schmiss meinen Schulrucksack in eine Ecke und ging nach draußen mit meinem Portemonnaie und machte mich auf den Weg zu einem Linealladen, den ich gesehen habe, als wir damals im Haus eingezogen sind: Hausnummer *14*. Ich kenne mich nämlich mit solchen Läden aus, in denen Bürozeugs verkauft wird, ich sage euch, normale Lineale, wie dort verkauft werden, sind einfach zu kurz für mich.

»**Halli hallo**«, begrüßte mich eine ältere Dame hinter einer Theke, als ich in den Linealladen reinkam. Ich sagte kurz »hallo« und fragte mich, wer heutzutage noch »**halli hallo**« sagt, egal. Ich sah mich im Laden um. Der Laden war sehr klein, aber vollgestopft mit Linealen. Ich fand, es war sehr gemütlich. An der Wand hingen Lineale in allen Größen, Formen und Farben. Die Theke stand hinten rechts (von mir aus gesehen). Der Boden war braun mit roten Streifen, so einen Boden hatte ich noch nicht gesehen, aber wer heute noch »**halli hallo**« sagt, kann gerne so einen Boden haben.

»**Was für ein Lineal möchtest du? Ich habe große, mittlere, kleine, breite, dünne, lange, kurze, aus Holz, Metall oder Plastik, durchsichtig oder farbig.**

Du kannst dich ja umschauen«, sagte die Dame hinter der Theke. »**Die langen Lineale befinden sich dort vorne**«, fügte sie noch hinzu.

»Danke!«, sagte ich höflichst und überrascht, dass sie das mit den langen Linealen gesagt hatte, und sah mich weiter um.

Ich fand ein schönes, langes Lineal aus Holz. Ich steuerte auf die Kasse zu und kaufte das Lineal, es kostete *3,50€*. Als ich rausging, war es *16:39* Uhr. Mensch, dachte ich, die Zeit kann ja in so einem kleinen Linealladen rasen, egal. Ich machte mich auf den Weg nach Hause. Das Lineal trug ich in der Hand.

Als ich zu Hause ankam, gab es Essen, papá hatte lomo saltado gekocht, mein Leibgericht. Er hatte den Tisch besonders hübsch mit einer grünen Tischdecke mit bunten Punkten gedeckt und auf der Mitte des Tisches stand eine wunderschöne Vase mit *3* Sonnenblumen. Wir aßen gemeinsam: mmm lecker!

Nach dem Essen ging ich um *18:59* Uhr ins Bett, weil ich so müde war. Papá begleitete mich und machte das Licht aus. Mamá kam rein, um mir noch ein besito de las buenas noches zu geben, es fühlte sich wie Honig an. Mir wurde gemütlich warm. Doch als ich ein »Oh!« von mamá hörte, »deine Kette ist nicht auf dem Nachttisch« merkte ich auch, dass meine Kette nicht wie gewohnt auf meinem Nachttisch lag. Ich fing an zu weinen, meine Lieblingskette, sie war ein Geschenk meiner Familie. Ich hatte sie verloren, aber wo? Mamá tröstete mich und blieb bei mir, bis ich eingeschlafen war.

Als ich am nächsten Morgen um *7:45* Uhr in die Schule kam, war der Raum offen. Ich trat hinein, in der Hand hielt ich mein neues Lineal, ich schaute mich um, niemand war da, oder doch? Ich sah ein Mädchen, das mir davor noch nicht aufgefallen war. Ich ging auf sie zu.

»Wer bist du?«, fragte ich.

»Hi, ich heiße Veloria«, antwortete sie.

»Bist du neu?«, fragte ich.

»Nein, ich war gestern krank. Du bist die Neue, oder?«

»Ja«, antwortete ich verlegen.

Da kamen mehr Kinder in die Klasse.

»Wieso hast du so ein großes Lineal dabei?«, fragte Veloria.

»Weil ich hinter einem sehr großen Mädchen sitze. Mit dem Lineal will ich, dass mich die Lehrerin sehen kann, wenn ich mich melde, verstehst du?«, sagte ich.

»Ja! Das kann ich gut verstehen«, antwortete sie freundlich.

In diesem Moment, übrigens, es war um *7:59* Uhr, kam unsere Lehrerin rein und es klingelte zum Unterrichtsanfang. Ich setzte mich auf meinen Platz. Vor mir saß das große Mädchen. Als unsere Lehrerin fragte, wie viel *3359+7345* war, meldete ich mich mit meinem Lineal. Die Lehrerin nahm mich dran. Ich sagte, dass sie gestern gesagt hatte, dass sie sich um einen neuen Platz für mich kümmern würde, denn ich saß ja ganz hinten und sie könnte mich nicht sehen. Ich fügte hinzu: »*10.704*«.

»Oh, stimmt«, sagte die Lehrerin. »Wie wäre es, wenn Pia und du die Plätze tauschen?«, fragte sie und schaute dabei Pia an.

»Ich will aber nicht ganz nach hinten«, sagte Pia.

»Dann tauschst bitte du, Franz, mit Gwendolyn den Platz«, sagte die Lehrerin.

Einige lachten wieder, ich glaube das war wegen meinem Namen.

»FRESSE!«, schrie Veloria.

Sie lächelte mich an, ich lächelte dankbar zurück. Alle hörten auf zu lachen und wurden leise. Franz freute sich darüber, hinten und alleine sitzen zu dürfen, denn er mag es, viel Platz zu haben, wie er laut sagte. Ich setzte mich nach vorne, auf Franz' Platz. Jetzt saß ich direkt neben Veloria, ich freute mich sehr und dachte, Mensch, hast du Glück, Gwendolyn. Kurz danach erinnerte ich mich an meine Kette mit dem Herzanhänger, die war nirgends zu finden. Ich habe mir gedacht, dass das vielleicht ein Tausch war, ich verlor meine Kette, dafür habe ich Veloria kennengelernt.

Der Unterricht machte mir jetzt mehr Spaß, denn ich saß neben Veloria, die mich so toll verteidigt hatte und außerdem konnte ich die Fragen von Frau Aule beantworten: Sie konnte mich nun endlich sehen, wenn ich mich meldete.

Da wir zusammen saßen, Veloria und ich, freundete ich mich mit ihr an. Ich erzählte ihr darüber, dass ich Zahlen mag. Sie antwortete, sie sammle Uhren. Wir wurden im Laufe der Zeit sehr gute Freundinnen.

Eines Tages machte ich mit meiner, nun besten Freundin eine Nachtwanderung. Wir liefen am Linealladen vorbei. Plötzlich erschreckten wir uns und rannten los. Uns verfolgte eine Person. Veloria keuchte neben mir. Vor uns stand plötzlich die alte Dame aus dem Linealgeschäft.

»**Halli hallo!**«, sagte sie. »**Wieso rennt ihr denn?**«, fragte sie uns.

»Sie haben uns erschreckt«, sagte ich.

»Was wollen Sie von uns?«, fragte Veloria.

»**Wie bitte? Was haben Sie gesagt, junge Dame?**«, fragte die Dame.

»WAAS WOOOLLEEEN SIEE VOON UUUNS?«, schrie Veloria, noch voller Angst, denn die Dame hatte uns einen Schrecken eingejagt.

»**Du hast eine kleine Kette bei mir vergessen**«, sagte sie zu mir und gab mir ein Kettchen. Das Band der Kette war silberfarben und glänzte im

Mondlicht, als Anhänger hatte es einen kleinen, gold-farbenen Stern. In der Mitte des Sternes erkannte ich ein kleines Auge.

»Aber das ist nicht meine Kette«, sagte ich.

»Oh Gottchen! Das stimmt ja, meine Kleine. Nein, das ist ja die falsche Kette!«, sagte die Dame, etwas aufgeregt. **»Komm morgen bei mir vorbei und ich gebe dir deine Kette. Wie konnte das nur passieren, ich habe die Kette wohl verwechselt, es liegt bestimmt an meiner Brille, die ist etwas alt, wie ich, verstehst du?«**

Ich nickte, ich verstand, sie brauchte eine neue Brille. Aber ich fand nicht gut, dass sie »**meine Kleine**« zu mir sagte. Zuerst einmal kannten wir uns nicht und außerdem, was sollte das, mich »klein« zu nennen, ich spürte, wie ich sauer und gleichzeitig traurig wurde, meine Wangen wurden warm, ich ballte meine Fäuste, es tat ein bisschen weh. Ich wollte etwas sagen, so etwas wie: »WAS FÜR EINE FRECHHEIT MICH »MEINE KLEINE« ZU NENNEN!«

Ich hörte mich sagen: »Oh, ja und danke!«

Veloria aber sagte: »Entschuldigen Sie, meine Dame, dass ich Sie vor lauter Schreck angeschrien habe, ABER, ich bitte Sie darum, meine Freundin nicht nochmal klein zu nennen, wir sagen auch nicht zu ihnen, meine ALTE Dame!«

Jetzt sprudelten meine Gefühle über. Mir war peinlich, dass Veloria so vorlaut gegenüber der Dame war, aber ich spürte auch Dankbarkeit und Freude darüber, dass Veloria so stark war und sich traute, das zu sagen, was ich mich davor nicht getraut hatte.

Ich gab der Dame schnell die Sternkette zurück und wollte noch etwas höfliches, »wohlerzogenes« wie Entschuldigung sagen.

Die Dame aber schaute Veloria in die Augen und setzte an, etwas zu sagen.

Ich dachte, jetzt ist alles vorbei, wir kriegen Schimpfe.

Ich hörte sie sagen: »**Oh! Das tut mir ja leid, und ob du Recht hast. Ich wurde auch früher die Kleine genannt, wegen meiner Größe.**« Da hob sie ihren Rock etwas hoch und zeigte uns ihre hohen **Plateauschuhe**, wie sie ihre Schuhe nannte, sie passten nun nicht zu ihrem

»**Halli hallo**«, aber egal. Dann drehte sie sich zu mir und sagte sehr freundlich und verständnisvoll: »**Entschuldige!**«, sie gab mir die Hand und stellte sich vor: »**Mein Name ist Hermelinda.**« Ich sagte: »Hallo Hermelinda, ich nehme Ihre Entschuldigung sehr gerne an.« Zu Veloria sagte sie noch: »**Du bist aber eine gute Freundin und ein starkes Mädchen.**« Sie fügte hinzu: »**Bis morgen**«, und trippelte fort. Veloria und ich schauten ihr eine Weile nach, bis sie in der Dunkelheit der Nacht verschwand.

Am nächsten Tag gingen wir nach der Schule zu Hermelinda in den Linealladen. Als wir ankamen, sahen wir, dass sie einen wunderschönen Tisch mit einer schönen Tischdecke, Kuchen, Tee, Keksen und Kakao gedeckt hatte. Daneben auf einem Stuhl lag ein altes Fotoalbum.

Hermelinda sah uns freundlich an und lud uns zu Kakao, Tee, Keksen und Kuchen ein. Sie sagte: »**Hallo, meine Freundinnen, kommt herein. Wäret ihr damit einverstanden, wenn ich den Laden zumache, dann können wir uns in Ruhe unterhalten.**« Veloria und ich guckten uns nickend und erfreut an und sagten gleichzeitig: »JA, gerne!« Hermelinda machte die Tür zu und drehte das Open-Schild zu Close – Ja! Ihr Türschild war auf Englisch, egal.

Wir setzten uns alle 3 hin. Hermelinda fragte nach unseren Namen: »**Wie heißt ihr eigentlich?**« Wir nannten Hermelinda unsere Namen und merkten, dass sie nicht darüber lachte, wie alle anderen. Das tat gut!

Hermelinda machte das alte Fotoalbum auf und zeigte uns ihre Schulfotos. Sie war wirklich mini, genauso wie ich, dachte ich mir, das freute mich sehr. Selbst Veloria war überrascht und sagte nichts.

Hermelinda stand auf und holte meine Kette, sie gab sie mir zurück, ich war sehr erleichtert und glücklich darüber.

Aber was mich noch richtig überraschte war, was Hermelinda uns noch erzählte: **»Ich muss euch ein Geheimnis erzählen«**. Veloria und ich waren richtig gespannt. Hermelinda erzählte: **»Ich habe diesen Linealladen nur eröffnet, weil damals, als ich**

ein Schulkind war, ich oft hinten sitzen musste. Vor mir saßen öfters größere Mädchen, wisst ihr?« Ja, ich wusste bescheid und nickte heftig zustimmend. Sie fügte hinzu: »**Ich hätte mir damals gerne so ein langes Lineal gekauft wie du, Gwendolyn, dir neuerdings gekauft hast, damit die Lehrerinnen mich sehen können, wenn ich mich melde. Deswegen wollte ich immer so einen Linealladen haben.**«

Veloria, Hermelinda und ich hatten einen schönen Nachmittag, so wie die folgenden, denn wir wurden öfters von Hermelinda eingeladen.

Der totale Albtraum!

Dulce Angelica Melendres Soto

Ich widme diese Geschichte meiner Schwester, weil sie immer an meiner Seite ist, und wenn ich mal traurig bin, dann ist sie für mich da. Danke!

Das, was ich euch erzählen möchte, ist nicht so schön, ich will nicht, dass ihr traurig seid, ich wünsche mir auch, dass so etwas nie passiert, NIEMAND!

Es war in der Nacht, ich rannte zur Bahn, fast hätte ich sie verpasst. Ich stieg ein und es waren nur wenige Leute in der Bahn. Auf einmal kam ein Mann mit seinen Freunden, sie sahen mich die ganze Zeit an. Sie flüsterten etwas über meinen dunklen Hautton und meine Schwarzen Locken, hörte ich.

Wir waren die einzigen, die in Nordbahnhof ausgestiegen sind. Die Männer kamen mir hinterher, ich rannte schnell zu einem Spielplatz, weil da noch eine Frau mit ihrem Kind war, ich spielte ein bisschen, aber was ich nicht bemerkte, war, dass die Frau weg war, ich war alleine mit den Männern.

Oh nein!!! Ich wollte wegrennen, ich war zu lang-
sam, ich habe nach hinten geguckt, die Männer wa-
ren nicht da, ich lief nach vorne, sie standen vor mir.
Ich hatte Angst!!!

In diesem Augenblick hörte ich ein leises Klingeln, es wurde immer lauter, ich erschrak, es war mein Wecker. Ich musste zur Schule: Das war ja zum Glück nur ein Albtraum!

Ich ging an dem Tag zu meiner neuen Schule. Am ersten Tag starrten mich alle an, nur weil ich neu in der Schule war, ich bin langsam durch eine Gruppe von Schulkindern hindurchgelaufen, manche haben mich ausgelacht, weil ich eine dunkle Haut habe, glaube ich, und meine Schwarzen Locken dazu. Sie haben so etwas geflüstert. Ich ging in meine Klasse, alle waren noch auf dem Schulhof, ich war die einzige in der Klasse. Überall sah es voll chaotisch aus und die Kinder kamen erst jetzt hoch und dann hatten wir Unterricht.

Die Schule war endlich vorbei und alle nannten mich »Sarah, die Streberin«. Ich wusste leider nicht, wieso sie mich so beleidigt haben, aber ich glaubte, dass sie mich so nannten, weil ich vielleicht neu war.

Ich rannte schnell nach Hause und sperrte mich in meinem Zimmer ein und fing an zu weinen. Mein erster Schultag war schrecklich gewesen und das Chaos hat erst heute angefangen. Mein Leben ist einfach miserabel! Alles lief nicht nach Plan, alles lief nicht, wie ich es mir gedacht habe.

Heute ist Sonntag, meine Eltern gehen heute zu einer Geburtstagsfeier, ich war alleine. Ich weinte die ganze Zeit, bis ich endlich einschlief.

Am nächsten Tag fing es schon wieder an. Diesmal hatte ich keinen Albtraum, zum Glück, puh!, das war eine Erleichterung. Ich musste zur Schule, das war schon schlimm genug für mich. Alle Schüler_innen lachten mich wieder aus und sie schrien wieder: »Sarah, die Streberin«, wie letztes Mal, alles war furchtbar. Ich wurde die ganze Zeit geärgert, keine Lehrerin oder Lehrer war auf dem Schulhof, zu denen ich rennen konnte, um ihnen zu sagen, dass alle mich ärgern. Ich rannte hoch zu meiner Klasse, da war es ruhig. Nun klingelte wieder die Schulglocke. Alle stürmten wieder hoch, ich war die einzige, die sich die ganze Zeit während des Unterrichts gemeldet hat, als wären nur ich und der Lehrer da. Das war ein schönes Gefühl. Plötzlich ging der Lehrer etwas für uns ausdrucken, alle Schüler_innen aus meiner Klasse kamen auf mich zu. Ich hatte Angst. Und ich habe mich hinter meinem Stuhl versteckt, sie haben meine ganzen Sachen auf den Boden geschmissen, ich glaube, das machten sie, damit ich Ärger bekomme und die Klassen-Arbeit nicht zu Ende schreiben würde und eine schlechte Note auf dem Zeugnis bekommen würde. Als ich fast alle meine Sachen aufgehoben hatte, kam der Lehrer zurück und alle saßen ordentlich auf ihren Plätzen, außer ich, ich musste ja meine Sachen vom Boden aufheben. Als der Lehrer mich sah, schimpfte er mit mir, ich habe einen Eintrag ins Klassenbuch bekommen und er sagte, ich sollte rausgehen. Ich musste die ganze Zeit draußen bleiben, obwohl wir eine Klassen-Arbeit schreiben mussten und ich bekam eine Sechs! Das war ungerecht und voll gemein! Er hat nicht mal gewusst, was passiert war. Und das machte mich wütend und traurig.

Endlich war Schulschluss. Ich ging nach Hause, meine Eltern waren da, wir haben Abendbrot gegessen und dann sind wir alle schlafen gegangen. Und ich hatte wieder diesen schrecklichen Albtraum, es war fast das Gleiche:

Es war in der Nacht, ich rannte zur Bahn, fast hätte ich sie verpasst. Ich stieg ein und es waren nur wenige Leute in der Bahn. Auf einmal kam ein Mann mit seinen Freunden, sie sahen mich die ganze Zeit an. Sie flüsterten etwas über meinen dunklen Hautton und meine Schwarzen Locken, hörte ich.

Wir waren die einzigen, die in Nordbahnhof ausgestiegen sind. Die Männer kamen mir hinterher, ich rannte schnell zu einem Spielplatz, weil da noch eine Frau mit ihrem Kind war, ich spielte ein bisschen, aber was ich nicht bemerkte, war, dass die Frau weg war, ich war alleine mit den Männern.

!Oh nein!!! Ich wollte wegrennen, ich war zu langsam, ich habe nach hinten geguckt, die Männer waren nicht da, ich lief nach vorne, sie standen vor mir. Ich hatte Angst. Sie kamen auf mich zu, ich stand da alleine, es waren drei, der Erste hat mich von hinten festgehalten, der Zweite hat meine Sachen genommen und sie alle auf den Boden geworfen. Der Dritte lief hin und her. Plötzlich kamen da Leute und die

drei rannten weg. Oh Gott, hatte ich einen Schreck gerade!

Und ich hörte wieder das Klingeln, da war ich erleichtert, es war »nur« ein Albtraum. Und ich wusste, ich muss wieder zur Schule.

Ich habe meine Sachen gepackt und ging zur Schule. Leider hat es geregnet und ich musste nicht wie immer laufen, sondern mit dem Bus fahren. Naja, mein erstes Problem war, dass ich keine Kapuze hatte, und die Haltestelle war nur eine Bank, damit war ich alleine und plitschnass, so doll hat es geregnet. Zum Glück kam der Bus, ich saß nun drin und guckte aus dem Fenster raus und habe gehofft, dass ich nicht zu spät zur Schule komme. Überraschenderweise tippte mich jemand an die Schulter, ich guckte nach hinten, da stand ein Mann, ich fragte mich, wer dieser Mann ist. Er sagte: »Kontrolleur, Fahrscheine bitte!« Ich sagte: »Eh, wie bitte?« Er wiederholte: »Fahrscheine bitte!«, dabei seufzte er. Ich: »Was? Haben Sie Fahrscheine gesagt?« Er sagte mit lauter Stimme: »Ja!«, dann flüsterte ich zu ihm: »Ich habe keinen.« Dann seufzte er wieder: »Heute ist mein Geburtstag, Du hast Glück!« Ich fragte, ob ich weiterfahren dürfte. Er antwortete: »Nein, aber als kleine Strafe musst du aussteigen und auf den nächsten Bus warten.« Ich sagte leise: »Okay«, und bin ausgestiegen. Mist! Ich hatte meine Geldbörse zu Hause liegen gelassen, ich wusste nicht, dass es regnen wird. Trotzdem hatte ich Glück, der nächste Bus sollte in zwei Minuten kommen, sah ich auf dem Fahrplan.

Es waren schon längst zwei Minuten vorbei und ich hatte keine Lust zu laufen. Ich setzte mich hin, ich war überrascht, dass eine Meldung kam. Da sprach ein Mann durch ein Mikrofon und meldete: »Wegen des Regens fährt jetzt kein Bus mehr.« Also musste ich jetzt doch laufen, na toll! Ich fragte jemand nach der Uhrzeit, es war kurz vor acht. Ich musste mich beeilen, also rannte ich los, ich kam nicht so schnell voran, es regnete ja immer noch. Ich bin viel zu spät in die Schule gekommen, natürlich haben mich alle ausgelacht. Die Stunde war fast zu Ende. Alle anderen Stunden verliefen normal. In der letzten Stunde hatte ich Naturwissenschaft, alle anderen hassen Naturwissenschaft, nur ich mag es, weil meine Lieblingslehrerin das unterrichtet hat, sie war die netteste von allen, und zu mir war sie sehr sympathisch und freundlich und übrigens, sie sah ein bisschen aus wie ich. Natürlich habe ich mich wie immer gemeldet, ich glaube, manchmal erwarten die Lehrerinnen und Lehrer mehr von uns, darum melde ich mich so oft.

Zurück zu der Lehrerin, das war eine komische aber starke Verbindung zwischen uns beiden. Ich träumte und guckte dabei aus dem Fenster, die Lehrerin sagte: »Sarah, Sarah, Saraaahhhh? Saaaaaraaaahhh!« Ich sagte leise: »Ja?« Sie sagte: »Was ist ein Naturschutzgebiet?« Ich wusste es nicht, ich hatte nicht zugehört. Zum Glück hat es in diesem Moment geklingelt, die Lehrerin sah irgendwie enttäuscht aus. Ich ging zu ihr und sagte: »Sorry, ich habe nicht aufgepasst«, sie zögerte ein bisschen, aber sie lächelte und sagte: »Okay! Ich nehme deine Entschuldigung an«, und sie fügte hinzu: »Was ist mit dir los? Kann ich dir helfen?« Ich schüttelte den Kopf und sagte leise: »Nein«, aber ich lächelte zurück. Sie setzte sich ihre runde Brille auf. Ich machte kleine Schritte zur Tür und ich lächelte die ganze Zeit, fast war ich am Türrahmen angekommen und rannte wieder zur Lehrerin zurück und umarmte sie, sie lächelte laut und ich rannte wieder schnell raus. Ich sah, wie sie lächelte, und schon ging es mir besser.

Nun ging ich nach Hause und las ein bisschen aus meinem Lieblingsbuch »Wir sind stark und wir sind da!«, aber dann bin ich einfach eingeschlafen, später wachte ich wieder auf. Ich wollte das Licht ausmachen und ich sah plötzlich einen Brief auf meinem Nachttisch liegen, wo drauf stand: »Entschuldigung, wir wollten dich nicht wecken. Wir sind ausgegangen, wie besprochen«. Ganz unten stand: »Deine Eltern, wir haben dich lieb, Küsschen XOXO«. Ich dachte: »So, so, die gehen ja gerne aus«, ich habe gelacht. Dann habe ich das Licht ausgemacht und bin eingeschlafen.

Und ich hatte wieder diesen Albtraum. Es war wieder das Gleiche:

Es war in der Nacht, ich rannte zur Bahn, fast hätte ich sie verpasst. Ich stieg ein und es waren nur wenige Leute in der Bahn. Auf einmal kam ein Mann mit seinen Freunden, sie sahen mich die ganze Zeit an. Sie flüsterten etwas über meinen dunklen Hautton und meine Schwarzen Locken, hörte ich.

Wir waren die einzigen, die in Nordbahnhof aus-
gestiegen sind. Die Männer kamen mir hinterher, ich
rannte schnell zu einem Spielplatz, weil da noch eine
Frau mit ihrem Kind war, ich spielte ein bisschen, aber
was ich nicht bemerkte, war, dass die Frau weg war,
ich war alleine mit den Männern.

Oh nein!!! Ich wollte wegrennen, ich war zu lang-
sam, ich habe nach hinten geguckt, die Männer wa-
ren nicht da, ich lief nach vorne, sie standen vor mir.
Ich hatte Angst. Sie kamen auf mich zu, ich stand da
alleine, es waren drei, der Erste hat mich von hinten
festgehalten, der Zweite hat meine Sachen genom-
men und sie alle auf den Boden geworfen. Der Dritte
lief hin und her. Plötzlich kamen da Leute und die drei
rannten weg. Oh Gott, hatte ich einen Schreck gera-
de! Und dann bin ich auch weggerannt, nach Hause.

!Diesmal konnte ich endlich wegrennen!

Ich rannte nach Hause, wollte meinen Schlüssel
aus meiner Hosentasche rausholen, ich wollte ihn ge-
rade ins Schlüsselloch hineinstecken, aber dann fiel er

mir runter, und genau in den Gully. OH, OH. Ich wollte ihn mit meinem Lineal rausfischen, dann sah ich einen Schatten, einen komischen Schatten mit einem langen Schwanz. Ahhhh! Wie ekelhaft, es war eine Ratte und ich hasse Ratten, und was sie noch dazu gemacht hat, sie nahm einfach so meinen Schlüssel mit. Ich war so erschrocken, dass ich nach hinten fiel, voll in eine Pfütze, mein Po war voller Schlamm. Mann, so ein Pechvogel. Was sollte ich jetzt tun?

Ich stand in der Pfütze und dachte nach, plötzlich hörte ich Stimmen, die kamen mir bekannt vor, es waren zwei Mädchen aus meiner Klasse. Ich stand immer noch in der Pfütze. Ich hörte plötzlich die Stimmen nicht mehr, ich wollte mich umdrehen und sehen, ob die zwei Mädchen aus meiner Klasse immer noch da waren. Ich drehte mich um, dabei hörte ich ein »platsch« und noch mal »platsch«, das waren meine Füße. Ich sah die Mädchen aus meiner Klasse. Es sah komisch aus, wie sie mich so anstarrten mit großen Augen und offenem Mund, ich glaube, dass ich ein bisschen rot geworden bin – keine Ahnung.

Ich bin aus der Pfütze rausgegangen, in diesem Augenblick ist eine Person aus dem Haus gekommen und die Mädchen sind weiter gelaufen und haben so ein breites Lächeln gemacht und haben die Person umarmt. Ich rannte hoch bis in meine Wohnung, ich habe an die Tür geklopft und meine Mutter machte sie auf. Ich ging rein. Sie war ein bisschen sauer, ich merkte es an ihrem Blick. »Mama, ich habe meinen Schlüssel verloren«, sie seufzte und sie sagte: »Kein Problem«, und lächelte mich an, ich lächelte zurück. Meine Mutter sagte zu mir: »Aber jetzt ab ins Bett!« Ich nickte und ging in mein Schlafzimmer. Dann zog ich meinen Pyjama an, putzte meine Zähne und ging erschöpft ins Bett.

Ich hörte die Klingel, es wurde immer lauter, ich musste zur Schule.

Als ich fast vor der Schule war, holte ich luft, sagte für mich »START!« und rannte los. Ich habe dazu meine Augen zugekniffen, dann bin ich stehen geblieben, weil ich erstmal nichts hörte. Ich öffnete meine Augen langsam und schaute mich um, ich guckte zur Ecke und da waren die ganzen Kinder, ich ging näher ran.

Sie haben Schimpfwörter und noch andere unschöne Sachen geschrien, wie zum Beispiel: »Nina weiß nichts!« In der Mitte stand ein Mädchen, das musste Nina sein, dachte ich. Ich ging dahin und zerrte Nina aus der Menschenmenge raus, keines der Kinder bemerkte das, weil sie sich auch darüber stritten, ob sie sagen sollten »Nina ist unnötig« oder »Nina, die unnötige«. Also zog ich sie zum nächsten Busch und wir versteckten uns.

Wir guckten uns tief in die Augen ich fragte sie: »Was machst du hier?«, und sie antwortete: »Ich bin neu in dieser Schule, in meiner anderen Schule wurde ich auch immer geärgert, deswegen bin ich jetzt hier.« Ich seufzte und sah mir Nina genauer an, sie sah ganz »normal« aus, sie hatte eine Brille auf und sie sah aus wie ich. **GANZ NORMAL SO WIE ICH!**

Die Schulglocke klingelte, ich sagte zu ihr: »Komm! Los geht's, wir gehen zuerst zu meiner Klasse.« Die nette Lehrerin war schon da. Sie sagte: »Oh! Da bist du ja schon, Nina. Willkommen, komm setzt dich!« Ich fragte die Lehrerin, ob Nina sich zu mir hinsetzen dürfte, und sie nickte. Wir setzten uns hin, der Unterricht fing an. Diesmal waren meine Mitschüler_innen nicht so fies zu Nina und mir. Sie meldeten sich sogar, sonst melden sie sich ja nie.

Endlich war die Schule vorbei, wir hatten an dem Tag nur bis 13:30 Uhr Unterricht, Nina konnte an dem Tag sogar zu mir nach Hause kommen, das fand ich toll. Ich dachte mir: »Meine erste richtige Freundin«. Ich rief meine Mutter an und sagte ihr, dass wir spazieren gehen und wir verabredeten uns für den nächsten Tag, sie wollte fragen, ob sie bei mir übernachten dürfte. Wir haben uns an diesem Tag vieles erzählt.

Am nächsten Tag sind wir Pizza essen gegangen, diesmal hatte ich meine Geldbörse dabei. Es wurde spät und dunkel, wir haben miteinander geredet und geredet, sehr lange, wir wollten uns besser kennenlernen, und unterhielten uns über alles Mögliche, so lange, dass wir nicht bemerkten, dass die Zeit so schnell verging. Wir gingen raus, um zu mir nach Hause zu gehen, sie durfte nämlich bei mir übernachten, wir hatten leider einen langen Weg. Plötzlich erlebten wir meinen Albtraum, aber in real, es war schrecklich, so wie in meinem Traum, ich war so glücklich, weil ich diesmal nicht alleine war, sondern mit Nina.

Es war in der Nacht, wir rannten zur Bahn, fast hätten wir sie verpasst. Wir stiegen ein und es waren nur wenige Leute in der Bahn. Auf einmal kam ein Mann mit seinen Freunden, sie sahen uns die ganze Zeit an. Sie flüsterten etwas über meinen dunklen Hautton und meine Schwarzen Locken, und über Nina wegen ihrer Brille und so weiter, hörten wir. Wir waren die einzigen, die in Nordbahnhof ausgestiegen sind. Die Männer kamen uns hinterher, wir rannten schnell zum Spielplatz, weil da noch eine Frau mit ihrem Kind war, wir spielten ein bisschen, aber was wir nicht bemerkten, war, dass die Frau weg war, wir waren alleine mit den Männern.

Oh nein!!! Wir wollten wegrennen, wir waren zu langsam. Wir haben nach hinten geguckt, die Männer waren nicht da, wir liefen nach vorne, sie standen vor uns. Wir hatten Angst. Sie kamen auf uns zu, wir standen alleine da. Es waren drei, zwei haben uns von hinten festgehalten und der dritte hat unsere Sachen genommen und sie alle auf den Boden geworfen.

Plötzlich kamen da Leute und die drei rannten weg. Oh Gott! Hatten wir ein Schreck gerade! Und dann sind wir auch gemeinsam weggerannt, schnell nach Hause. Wir rannten zu mir nach Hause und ich zog den Schlüssel aus meiner Hosentasche raus, ich steckte ihn in das Schlüsselloch rein.

Ich dachte, jetzt habe ich eine Freundin, die mich versteht und so ähnlich aussieht wie ich. Mann, so ein Glückspilz.

Wir rannten hoch bis in meine Wohnung, ich habe ganz schnell an die Tür geklopft vor Aufregung und meine Mutter machte sie auf. Wir rannten rein. Sie hat uns angelächelt und fragte, was los sei, sie war besorgt, ich merkte es an ihrem Blick.

»Mama, uns ist etwas Fürchterliches passiert« und wir erzählten ihr alles, das mit dem Albtraum, das mit der Schule und das mit dem ungerechten und gemeinen Lehrer, das mit Nina, und natürlich das mit den drei Männern. Nina erzählte auch mit. Mama tröstete uns und sie fragte Nina, ob sie mit ihren Eltern darüber sprechen dürfte. Nina nickte. Mama brachte uns ins Bett und erzählte über ihre Erlebnisse. Und sie sagte:

»Oh! Das hätte ich früher machen müssen!« Ich nickte, Nina auch. Nina lag auch in meinem Bett, wir machten es uns im Bett gemütlich und schliefen erschöpft ganz schnell ein.

Am nächsten Tag war wieder Schule, Ninas und meine Eltern haben sich für ein Gespräch mit der Schuldirektorin versammelt. Als die Schule vorbei war, holten uns unsere Eltern ab. Sie erzählten uns, was sie mit der Schuldirektorin besprochen hatten. Sie haben sich beschwert, dass Nina und ich von den anderen Kindern beleidigt und geärgert werden, und sie haben verstanden, warum Nina und ich denken, dass es wegen unserem Aussehen ist. Sie haben das sogar mit dem Lehrer besprochen. Später klingelte es bei uns an der Tür, es war die nette Lehrerin, also meine Lieblingslehrerin. Sie wollte sich entschuldigen, dass sie nicht genug auf uns geachtet hat. Sie blieb eine Weile da. Wir alle besprachen uns, was gemacht werden sollte, damit so etwas nicht wieder vorkommt. Wir haben die Entscheidung getroffen, dass, wenn ein Kind uns noch mal beleidigt oder schlecht behandelt, es eine Strafe bekommen sollte, vor allem war Nina und mir wichtig, dass so etwas nie wieder vorkommt. Wegen den drei Männern verabredeten wir, Anzeige zu erstatten, denn sie waren Rassisten!!!

Unsere Eltern sprachen am nächsten Tag wieder mit der Schuldirektorin und wir und die Lehrer_innen waren auch dabei. Nina und ich erlebten, dass, wenn wir zusammen sind, wir uns stärker und beschützter fühlen. Und wir denken, dass man andere unterstützen sollte, auch wenn man sich nicht kennt.

Die Schuldirektorin hat mit den Eltern der Schüler_innen geredet, auch mit den Lehrerinnen und Lehrern. Es wurde verabredet, dass die Lehrerinnen und Lehrer sich mit dem Thema beschäftigen und mit den Kindern daran arbeiten. Meine Lieblingslehrerin schlug vor, dass einmal die Woche ein Projekttag über Rassismus, Diskriminierung und was das bedeutet und wie schlimm das ist, stattfinden soll. Wir Kinder schlugen vor, dass die Erwachsenen (also Lehrer_innen und Eltern) respektvoll zu uns Kindern sein müssen. Zum Beispiel, dass die uns nicht ungerecht behandeln. Da stand mein ungerechter und gemeiner Lehrer auf und sagte zu mir: »Es tut mir leid, ich hatte auf dich nicht gehört und wusste nicht mal, was passiert war.« Ich habe ihm verziehen, weil ich wusste, dass Lehrer_innen auch mal Fehler machen können.

Nina blieb in der Schule und ich auch und klar, wir wurden die besten Freundinnen. In der Schule ärgern sie uns nicht mehr, und wenn doch, sagen wir: »STOP! HÖR SOFORT DAMIT AUF!« Und wenn neue Kinder kommen, sind wir für sie da.

Das, was uns in der Geschichte passiert ist, ist nicht schön und wenn du selbst so behandelt wirst oder du beobachtest, dass jemand so behandelt wird, geben wir dir den Tipp, etwas zu machen, zum Beispiel helfen. Und sogar auch wenn du einen schlechten Tag hast: Geh zu jemandem hin, am besten zu einer Person, der du vertrauen kannst, und diese Person kann dir sicher helfen!

Das war meine Geschichte:
DER TOTALE ALBTRAUM !

ENDE

Mädchenkrimi

Cata Behling Michelsen Castañón

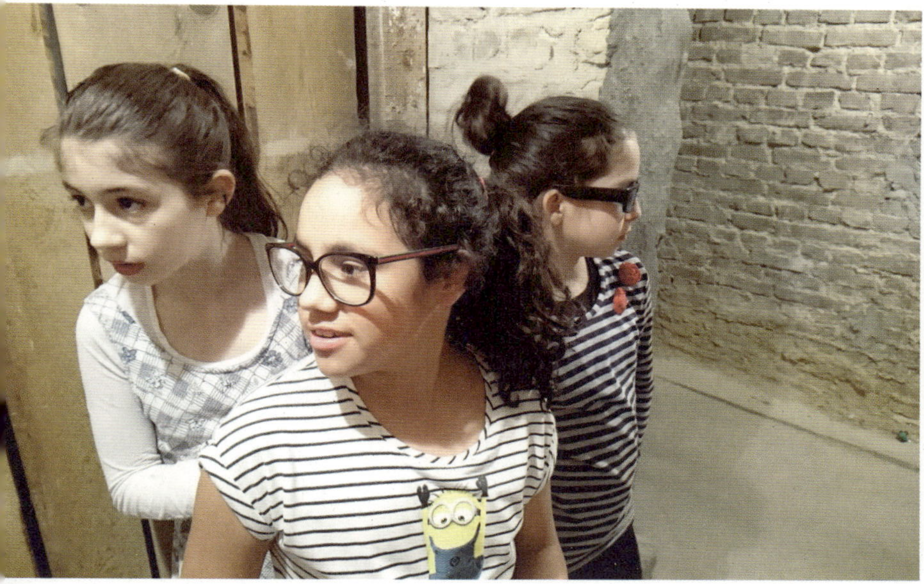

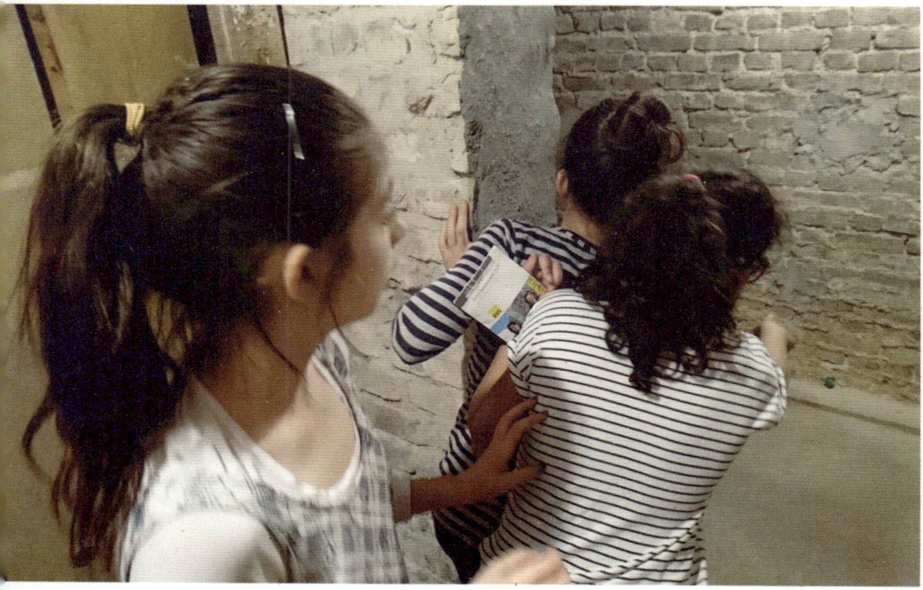

War das nur ein Zufall?

Geschichte einer wahren Freundschaft

Cielomar Melendres Soto

*Ich widme meine Geschichte meiner besten
Familie auf der Welt!!! Besonders meiner Schwester,
mit der ich über alles reden kann und die sich auch
immer Sorgen um mich macht, wenn es mir mal nicht
so gut geht! Meine Widmung geht auch an meine
Freund_innen, mit denen ich einfach immer Spaß
habe!!! Habe euch alle ganz dolle lieb!!
Danke für alles!!*

Montag, den 5. September 2016
21:32 Uhr

Liebes Tagebuch,
Heute war der erste Schultag nach den Sommerferien 2016.

Jetzt bin ich endlich in der 6. Klasse, ich freue mich irgendwie schon ein bisschen auf die Schule, obwohl ich wegen meines **Aussehens** und meiner **Körpergröße** nicht so gemocht werde.

Vor ein paar Jahren war ein Mädchen aus meiner Klasse auf dem Weg zum Kino, weil sie mit ihrer Freundin verabredet war, sie kam zu spät, es gab eine lange Schlange. Weil sie nicht so lange warten wollte und der Film gleich anfing, drängelte sie sich vor, eine Person, die so aussah wie ich, beschwerte sich bei ihr. Sie musste sich ganz nach hinten anstellen und verpasste dann auch noch den Film. So erzählte es Astrid der ganzen Klasse am nächsten Tag. Sie gab der Dame die Schuld dafür, obwohl sie selbst die Schuld hatte, weil sie zu spät gewesen war, und das hatte ich ihr auch gesagt. Nachdem ich meine Meinung zu dieser Situation geäußert hatte, drehte sie sich zu mir mit einem angewiderten Gesicht um und schrie mich an: »Du hast doch gar keine Ahnung, du warst ja nicht mit dabei und außerdem sah sie genauso aus wie du: Hässlich und winzig!!!«. Ich riss die Tür auf und rannte weinend weg, so schnell wie ich konnte.

———

Die erste Stunde war Mathe, wir sollten heute den Test zurückbekommen, den wir vor den Sommerferien geschrieben aber nicht zurückbekommen hatten. Ich hatte Angst, weil sie mich schon so grimmig angekuckt hatte, sie kam zu uns und gab uns die Arbeiten, ich drehte das Blatt mit leichtem Herzklopfen um und sah die Note ... Ich hatte eine 1. Ich hatte schon ein gutes Gefühl, als ich die Arbeit geschrieben hatte, denn Mathe fiel mir schon immer leicht und ich hatte voriges Jahr auch eine 1 auf dem Zeugnis.

Als es für die Pause klingelte, ging ich langsam runter, weil ich nicht alleine auf dem Hof wie immer sein wollte.

Meine Lieblingstage in der Schule sind Mittwoch und Freitag, weil ich mittwochs ein kürzeren Schultag und Mathe und Religion habe. Freitags, weil ich da meine Lieblingsfächer: Kunst, Sport, Musik und Spanisch habe.

Übrigens, mein Stundenplan sieht so aus:

STUNDE	MONTAG	DIENSTAG	MITTWOCH	DONNERSTAG	FREITAG
1	MATHE	SPORT	MATHE	GEOGRAFIE	KUNST
2	ETHIK	SPORT	SPANISCH	NAWI	MUSIK
3	GESCH.	GEOGRAFIE	DEUTSCH	NAWI	SPORT
4	GESCH.	ETHIK	DEUTSCH	GESCH.	NAWI
5	DEUTSCH	ENGLISCH	RELIGION	ENGLISCH	GEOGRAFIE
6	DEUTSCH	MATHE	KUNST	MUSIK	SPANISCH
7	RELIGION	MATHE		SPANISCH	SPANISCH

Nawi bedeutet Naturwissenschaft, ich wollte es vorsichtshalber hier reinschreiben, falls ich es vergesse, wenn ich mir gerade das hier durchlese und schon ganz alt bin.

Die 2. Stunde war Ethik, wir sollten in Gruppen unsere Geschichte von dem Philosophen Aristoteles vorlesen. Ich hatte – fand ich – eine richtig gute Geschichte und wollte sie unbedingt vorlesen, doch alle haben mich ignoriert und ausgelassen. Ich rannte raus und fing an zu weinen, was noch fehlte, war **Asthma**. Wie gedacht, das Asthma kam und ich hatte kein Asthmaspray dabei, in diesem Augenblick lief meine Schwester durch den Flur, weil sie auf die Toilette musste, sie hatte mich nicht gesehen aber ich rief mit rauer Stimme ihren Namen, sie blickte zu mir hin und rannte dann auch zu mir, sie fragte mich: »Mila, was ist los?« Ich erzählte ihr die Geschichte, was gerade passiert war, sie sagte mir, dass mamá ihn vielleicht aus Versehen in ihren Rucksack gesteckt hatte, weil sie dachte, Mabells Rucksack wäre vielleicht meiner, obwohl ihr Ranzen von Lillifee war! Sie guckte in ihrem Ranzen nach, das Asthmaspray war tatsächlich da drinnen. Naja, wenigstens hatte ich es dann bei mir.

———

Als ich zu Hause wieder ankam, musste ich sofort los, um meine andere jüngere Schwester von der Kita abzuholen, Caroline. Ich musste schnell zur U-Bahn rennen, damit ich rechtzeitig ankam.

In der U-Bahn sah ich ein Mädchen namens Sofia, (sie hatte es mir erzählt, nur zur Info). Ich ging zu ihr, weil ich dachte, sie bräuchte oder suchte irgendetwas, sie bräuchte doch Hilfe. Als ich bei ihr war, fragte sie mich, wie viele Stationen man noch bis zur Warschauer Str. fahren musste, ich antwortete ihr, wir redeten noch ein bisschen und sie sagte mir, dass sie an eine **Religion** glaubt, die Islam heißt. Sie hat mir vieles davon erzählt, wie zum Beispiel, dass sie kein Schweinefleisch essen darf und dass die Erwachsenen keinen Alkohol trinken dürfen und dass sie nur an ihren Gott glauben können: An Allah und nicht an andere Götter, weil das sonst respektlos gegenüber Allah ist. Das macht mir nichts aus, dass sie an diese Religion glaubt, sie war nämlich so wie alle anderen, wie du und ich.

Ich bin in der Kita angekommen, und als ich bei meiner Schwester war, sind all ihre Freunde und Freundinnen von ihr zu mir gerannt und haben mich umarmt, ich habe mich da richtig wohlgefühlt, noch wohler als in meiner Schule.

———

Ich und meine zwei Schwestern waren zu Hause, niemand war da, bestimmt waren mamá und papá immer noch auf der Arbeit, das hieß, dass ich Essen machen und Caroline und Mabell schlafen bringen musste, das tat ich, und weil ich so müde war, ging ich auch gleich ins Bett.

———

Mittwoch, den 6. September 2016
19:23 Uhr

Heute ist Mittwoch ...
Ich bin zum Sekretariat gegangen, weil ich den Zettel für das Essen abgeben musste, da habe ich aus Versehen gehört, wie die Lehrerin erwähnt hat, dass Morgen eine neue Person in die Klasse kommt, sie wollte

sagen, wie sie heißt aber in diesem Moment klingelte die Schulglocke und ich konnte nicht den Namen der »neuen« Person hören. Es war so ärgerlich, weil ich gerne wissen wollte, wie sie oder er heißt, naja, dann musste ich schnell zum Unterricht.

Ich bin zu spät gekommen – erste Stunde Mathe – und die Lehrerin hat mich sogar noch angeschrien, ich habe mir verkniffen zu weinen, aber ich hatte trotzdem drei Tränen im Gesicht.

Das war ein grauenvoller Tag!

———

Donnerstag, den 7. September 2016
19:43 Uhr

Als ich aufgewacht war, hatte ich auf einmal so ein Kratzen im Hals und dann wurde es schlimmer, ich sah plötzlich nur weiß und rot. Ich kippte um, so hatte es mir jedenfalls meine Mutter erzählt. Es war so, als hättest du gar keine Kraft mehr im ganzen Körper und vielleicht war es wirklich so gewesen!

———

Als ich aufwachte, sah ich nur weiß, dann sah ich wieder normal und ich hörte an meinem linken Ohr ein piep...piep...piep...

Ich hörte auch, dass meine Eltern miteinander diskutierten, ich kriegte nicht alles mit, was sie gesagt hatten. Ich hörte nur, dass sie sagten: »Lass es gut sein! ... kein Stress ... und ... Schule.« Im nächsten Moment guckten meine Eltern zu mir, sie rannten zu mir und fragten mich, ob alles okay war. Ich sagte im ersten Moment gar nichts, aber dann guckte ich sie komisch an – naja eigentlich entsetzt, wegen ihrer albernen Diskussion – aber egal, wen interessiert's eigentlich?

»Ich bin ein bisschen müde«, sagte ich dann, nach geschätzten 10 Sekunden. Meine Eltern seufzten, mamá gab mir noch einen Kuss auf die Stirn und sie gingen auch gleich. Ich konnte mir das auch denken, weil sie bestimmt dachten, dass ich meine Ruhe haben wollte – das stimmt gar nicht – sie könnten auch länger bleiben, aber wenn ich etwas gesagt hätte, dann gäbe es wieder Probleme, also halte ich lieber meinen Mund.

Ich legte mich wieder hin und es fiel mir noch ein, dass morgen die neue Person in die Klasse kommt, ich schlief mit einem **Lächeln** im Gesicht ein...

In der Nacht passierte plötzlich etwas Seltsames. Ich wachte zuerst auf, weil irgendetwas mich störte und ich hatte schreckliche Angst aber wusste nicht genau wieso. Irgendwie schon, ich fühlte, als ob die Decke versteinert war und gleichzeitig wurde ich immer kleiner, eigentlich wurde ich nicht kleiner, sondern alles wurde um mich größer. Ich wusste, dass es nicht real war, aber trotzdem hatte ich Angst. Ich ging zum Fenster und schaute raus. Ich guckte mir Bilder an von mir und meiner Schwester, als wir jünger waren, die ich dabei hatte, ich wusste, dass sie mich beruhigen würden, weil es mir papá gezeigt hatte, als ich noch zu Hause war. Ich ging dann wieder ins Bett mit der Angst, die allerdings etwas kleiner geworden war. Ich schlief wieder ein, mit der Hoffnung, so etwas nicht wieder erleben zu müssen.

———

Donnerstag, den 14. September 2016

21:01 Uhr

Liebes Tagebuch,

eine Woche ist schon vergangen und ich muss immer noch 3 Tage in diesem lächerlichen Gebäude – genannt Krankenhaus – bleiben … Zur Untersuchung. Warum eigentlich?! Dieses kack-gemeine Asthma!

Ich habe mich aber auch noch nicht entschuldigt, dass ich so lange nicht mehr hier rein geschrieben habe, deswegen entschuldige ich mich jetzt: »ENTSCHULDIGUNG.«

Die nächsten 2 Tage waren auch so schrecklich langweilig, weil ich einfach nichts zu tun hatte, es war einfach so, als wärst du alleine auf dieser Welt. Okay, manchmal sind schon Krankenschwestern gekommen, aber ich wollte einfach mal wieder nach Hause. Ich hatte mich trotzdem schon gefreut, weil mir eingefallen ist, dass ich morgen schon aus dieser schrecklichen Hölle rausgehen kann.

Am nächsten Morgen war es soweit, ich durfte endlich raus, meine Eltern hatten mich mit einem Rollstuhl abgeholt, weil ich noch zu schwach war, um zu laufen. Übrigens, ich darf auch deswegen noch keinen Sport machen. Wir sind dann gleich nach Hause gegangen.

———

Montag, den 18. September 2016
21:14 Uhr

Liebes Tagebuch,

heute musste ich zur Schule gehen. Als ich in meine Klasse rein kam, war da eine Person, die ich nicht kannte. Ich ging näher heran … ich konnte schon ahnen, wer es gewesen war: Sofia! Sie sah identisch wie Sofia aus! … Als ich mich näherte, wollte ich sie schon umarmen und alles erzählen, was passiert war, aber da habe ich mich wohl zu früh gefreut, es war nicht Sofia, sondern sie hieß Nadia, ich hatte mich schon ein bisschen geärgert, aber eine gute Neuigkeit gab es schon … es war die Schwester von Sofia.

OMG!!! (Apropos, das bedeutet Oh, mein Gott) Ich habe sie in den Arm genommen und ich habe sie natürlich auch gefragt, wie es Sofia geht, sie hat mir gesagt, dass es ihr gut geht, aber dass sie einen kleinen Unfall am Bein hatte, sie wurde leicht angefahren. Sie erzählte mir die Geschichte, wie eine richtige professionelle Erzählerin, deswegen möchte ich es auch hier rein in mein Tagebuch schreiben, weil es einfach soo cool war, wie sie das erzählt hat. Sie könnte wirklich eine Geschichtenvorleserin werden, wie eine kubanische Frau, die ich kannte, namens ... okay, ich weiß nicht mehr, wie sie heißt, sie ist wirklich cool, die Frau ist in Kindergärten gegangen und hat da Geschichten vorgelesen.

Nun hier die Geschichte, die Nadia mir erzählte:

»Es war vor ein Paar Wochen, es war schon 22 Uhr an einem Freitag, wir hatten wie immer SVK (Selbst-Verteidigungs-Kurs mit Worten) und wir gingen dann nach Hause, wir standen an einer Ampel und wir gingen über rot, weil wir Angst hatten, dass eine gruselige Gestalt kommt und uns mitnimmt, deswegen wollten wir schnell nach Hause. Da kam ein Auto und wir überquerten gerade die Straße, da fiel Sofia ihr Handy aus der Hand und sie ging wieder zurück, der Fahrer wusste das natürlich nicht, er hatte sie nicht gesehen.

Aber er sollte doch auch nicht losfahren, wenn wir erst auf der Hälfte der Straße sind, wir sollten auch nicht über rot gehen und Sofia sollte auch nicht zurück gehen.

Ach, das war alles mega nervig!«

———

Ich war irgendwie ein bisschen verwundert aber irgendwie gleichzeitig auch geschockt!!!

Erstens verwundert, weil ... Mensch! Wie gut sie die Geschichte erzählt hatte – das weißt du ja schon – und zweitens darüber geschockt, wie und was passiert ist. Naja, wenigstens bin ich beruhigt, dass es Sofia gut geht!

———

Als ich schlafen gehen musste, hatte ich nochmal über Sofia nachgedacht, mir ist ja auch vor ein paar Wochen etwas passiert, wie du wohl weißt ... war das nur ein Zufall?

Naja, damit kann ich mich ja auch morgen beschäftigen, jetzt sage ich erst mal gute Nacht.

Montag, den 25. September 2016
05:00 Uhr

Liebes Tagebuch,

ich habe mir gerade den Wecker gestellt, in dreizehn Minuten wurde ich vor elf Jahren geboren.

Ich bin so aufgeregt und freue mich sehr auf den heutigen Tag!

Hoffentlich hat mir papá meinen Lieblingskuchen gebacken: Schokoladen-Kuchen mit manjarblanco, das ist so lecker, eine richtig süße Leckerei aus Peru.

Bestimmt malen mir meine Schwestern viele Geburtstagsbilder, mein papá wird sagen, wie lieb er mich hat und das unter Tränen, peinlich! Und mamá erzählt wie immer von meiner Geburt, wie sie ins Krankenhaus kam, und wie glücklich sie seitdem sind, und sie wird bestimmt die Geschichte damit feierlich so enden: »Es hat fürchterlich weh getan, aber es hat sich gelohnt, mi amor!«

Dienstag, den 19. Dezember 2016
22:22 Uhr

Sorry, dass ich wieder mal Tagebucheinträge ausgelassen habe, ich musste einfach immer wieder mal nachdenken, wie das mit mir in der Zukunft wird, ob das schlimmer werden kann ... oder wird einfach alles wie ein Schnipsen weggeblasen? Das wollte ich einfach nicht hier reinschreiben, weil die Gedanken mich einfach sehr gequält haben. Zum Glück denke ich jetzt nicht mehr so oft daran. Sonst waren meine Tage immer so kacke aber auch manchmal ein bisschen erfreuend, wie zum Beispiel dass ich mich auf Weihnachten freue, weil man es mit der Familie verbringt und sich gegenseitig beschenkt, das finde ich am schönsten ... jemandem eine Freude zu machen.

Heute war der letzte Tag vor den Weihnachtsferien, ich musste erst um 9:00 Uhr in die Schule gehen. Ich konnte also ausschlafen. Meine Schwester durfte nicht später in die Schule, aber dafür durfte sie früher raus. Deswegen hatten wir abgemacht, dass sie mich abholen kommt, das liebe ich!

Ich habe mich angezogen und bin zum Frühstücken zum Tisch gegangen. Es war erst 8:00 Uhr, danach, als ich fertig war, bin ich zum Bad gegangen, um mir die Zähne zu putzen. Als nächstes musste ich mir die Schuhe und meine Jacke anziehen, dann musste ich meine Brotbox einpacken, in der ein Müsliriegel (Geschmack: Banane) drin war und auch noch kleine Brezeln, die sind so lecker. So welche, die man auch im Flugzeug kriegt.

Es war 8:35 Uhr und ich musste mich beeilen, damit ich noch die Tram M10 nehmen konnte.

———

Als ich schon fast in der Schule war, ist mir eingefallen, dass ich was vergessen hatte. Voll der Albtraum!!! Das, was ich vergessen hatte, war nämlich meine Zeugnismappe, heute gab es nämlich Zeugnisse. OMG, wieso hatte ich sie vergessen. Naja, ich mache jetzt nicht so ein Drama draus!

Ich ging nach oben und ... dann, und dann passierte es, ja, das ist die Frage, was war passiert? Ich erzähle es hier, obwohl es mir peinlich ist und mich wütend macht: Die Lehrerin hat ... mich ... angeschrien!!! Ich glaube und fasse es nicht! Was habe ich falsch gemacht? Okay, ich bin zu spät gekommen, aber ich hatte mich ja dafür entschuldigt, **und** das ist unhöflich und ich mache es auch nicht mit ihr, ich meine das Anschreien.

Dann haben wir Zeugnisse gekriegt. Mein Zeugnis ist eigentlich **gar nicht so schlecht** und ich bin auch ganz zufrieden.

Ich habe schon mal über den Mathe-Test geschrieben, und ich finde es aber doof, dass alle – wenn wir zum Beispiel eine Berichtigung schreiben müssen – dass alle mich danach fragen und deswegen schleimen, aber sonst interessiert es sie kein bisschen, was ich mache. Nach Unterrichtsschluss bin ich schnell nach unten gegangen, damit ich nicht noch mal gefragt werde, ob ich ihnen den Mathe-Test schicken kann. Als ich unten war, war meine Schwester bereits da. Sie hatte mich angelächelt und ich lächelte zurück, ich hatte erst da bemerkt, dass manche mich merkwürdig anguckten. Ich glaube, sie wollten mir mit diesen Blicken sagen, dass ich schon zu alt war, um von meiner Schwester abgeholt zu werden, mir egal. In diesem Augenblick hatte ich das Gefühl, als ob mich ein Blitz getroffen hätte.

Es war kein schmerzhafter, sondern einer, der mir den Weg gezeigt hat:

Ich ignorierte die Personen nämlich, die mich anschauten, ich ging einfach geradeaus und sprach mit meiner Schwester über ganz andere Themen.

———

Mittwoch, den 20. Dezember 2016
20:56 Uhr

Liebes Tagebuch,

jetzt sind endlich Ferien!!! Heute hatten meine Eltern etwas geplant. Sie wollten mit uns, also mit meinen zwei Schwestern und mir, in die Berge fahren. Ich hatte gar keine Lust. Ich durfte und konnte leider nicht mein Tagebuch mitnehmen, weil ich keinen Platz in meinem Rucksack hatte und weil meine Eltern mich nicht gelassen hatten, weil ich mich wohl zu sehr auf dich, du mein liebes Tagebuch, konzentriere und nicht auf andere Sachen wie Berge, bla, bla, bla patati patata.

Freitag, den 22. Dezember 2016
19:47 Uhr

Liebes Tagebuch,
wie du wohl weißt, musste ich jetzt auf einem Blatt schreiben, das habe ich dann alles abschreiben müssen, nun egal.

Die Berge waren schrecklich langweilig und wir haben uns da mit den Freunden meiner Eltern getroffen und nur geredet, wie gesagt: langweilig. Das einzige Schöne, das wir gemacht haben, war, dass wir sehr oft Verstecken gespielt haben, und der Himmel, der war auch sehr schön.

Das Essen war außerdem sehr eklig.

In Ethik müssen wir jetzt Vorträge halten über **Tot, Glück und Rassismus.** Ich hatte mit Nadia das Thema Tot mit noch vier anderen Mädchen, das Thema Glück hatten Juan und fünf andere Kinder und mit dem Thema Rassismus mussten sich Anna, Paula, Timo und noch drei andere Kinder beschäftigen.

———

Liebes Tagebuch,

als Erstes: Tut mir leid, jetzt schreibe ich oft ohne Datum, weil ich nicht genau wusste, wann das gewesen war.

———

Irgendwann in 2017
21:35 Uhr

Liebes Tagebuch,

die Weihnachtsferien sind vorbei und ich habe dir noch nicht erzählt, wie Weihnachten war. Weihnachten war sehr schön, es sind ein paar Freunde von mamá und papá gekommen. Das Essen war wiedermal sehr lecker und ich habe viele Geschenke bekommen, wie zum Beispiel ein Buch, eine coole Tasche und eine sehr hübsche Kette, von meiner Schwester.

———

Irgendwann in 2017
22:05 Uhr

Liebes Tagebuch,

es ist wieder Schulzeit, heute Treffen wir uns mit
der Gruppe zum Thema Tot, es ist super anstrengend,
wir müssen bald vortragen, und wir sind im Streit.

Übrigens ich habe in der letzten Zeit wenig geschrieben und ich bin auch mit Sofia sehr viel unterwegs, ich
vertraue ihr und sie vertraut mir, deswegen erzählen
wir uns alles, das **war nicht nur ein Zufall.**
Auch deswegen habe ich weniger Zeit für dich, das tut
mir leid.

———

Irgendwann in 2017
20:57 Uhr

Liebes Tagebuch,

heute haben wir unseren Vortrag vorgetragen, das
war der schönste Tag der Welt, warum? Das erzähle
ich dir gleich. Erst mal, Nadia und ich haben eine eins

bekommen, Sofia hat uns Tipps gegeben, die anderen aus meiner Gruppe haben eine zwei bekommen, das finde ich schade.

Du fragst dich wohl, warum ich mich für sie freue? Sie sind jetzt meine Freundinnen, obwohl sie früher kein Interesse für Nadia, für mich oder für Sofia hatten, außer wenn es um die Berichtigung von einem Test oder eine Hausaufgabe ging.

Ich erzähle es dir: der Vortrag zum Thema Rassismus, war der erste Vortrag, und der hat Nadia, Sofia und mir sehr viel geholfen, das hätte ich nie gedacht. Die Gruppe hat den Leuten zu verstehen gegeben, **dass alle Menschen gleich sind, egal wie sie aussehen, ticken oder woran sie glauben.** Der Vortrag zum Thema Tot hat mir auch sehr gefallen, sie haben den Krieg als Beispiel genommen: noch heute kämpfen die Menschen gegeneinander, sie wollen Leuten Schaden anrichten und wollen die ganze Macht. Darunter leiden sehr, sehr, sehr viele Menschen auf dieser Welt, leider können wir eigentlich gar nichts dagegen tun. Das finde ich schade. Aber was wir trotzdem tun können, um dieser Welt wenigstens ein bisschen zu helfen, ist: für unsere eigenen Rechte und die von den anderen Menschen kämpfen!!!

Wir haben danach auch ein Projekt gemacht, um uns näher mit diesen Themen und mit den Menschen der Klasse zu beschäftigen.

Am Anfang hatten Nadia und ich Angst, dass nur wir im Mittelpunkt des Themas Rassismus stehen. Zum Glück war das nicht so, die Lehrerin hatte alles unter Kontrolle.

Weil meine Eltern dieses Thema sehr interessiert und sie betrifft, haben wir gemeinsam beschlossen, dass meine Schwestern und ich auch ein Teil vom SVK sein sollten, um uns näher mit dem Thema zu beschäftigen. Wir tauschen uns über unsere Erlebnisse, gute und schlechte Erfahrungen aus, und sammeln viele Ideen, um etwas gegen Diskriminierung, Rassismus und Mobbing zu tun. Wir beschützen und helfen uns gegenseitig.

———

Irgendwann in 2017
Uhrzeit: jetzt

Liebes Du, querid@ tu:

¿Cómo surgió esta historia y quien fue mi modelo, te preguntarás quizá?

La historia surgió, porque yo misma uso un diario. Mis experiencias son base de la historia, porque la protagonista es muy similar a mí y algunas cosas me han sucedido en la realidad.

Con esta historia quería contarte, que todas las personas somos iguales y ¡que **TU** puedes lograr todo lo que **TU** quieras. ¡¡¡¡¡¡¡¡También tus sueños pueden volverse realidad!!!!!!!!

Wie ist diese Geschichte entstanden und wen habe ich mir als Vorbild genommen, fragst du dich vielleicht?

Die Geschichte ist entstanden, weil ich selber ein Tagebuch führe. Ich habe mich selbst als Vorbild genommen, weil die Protagonistin mir sehr ähnelt und manche Sachen mir in Wirklichkeit passiert sind.

Mit dieser Geschichte möchte ich dir erzählen, dass wir Menschen alle gleich sind und dass **DU** alles schaffen kannst, was **DU** willst. Auch deine Träume können in Erfüllung gehen!!!!!!!!

Charlie

Leoní Rahel Weber Bordo

Für meine Familie, die mich immer unterstützt

Purpur breitete die Schwingen aus und glitt am Himmel entlang, ohne mit den Flügeln zu schlagen. Dann legte er die Flügel an und stürzte auf uns hinab. Kurz über uns breitete er die Schwingen wieder aus und landete auf einem Baumstumpf vor uns. Wir jubelten und warfen ihm Beeren zu, die er auch sofort aufaß. Sein schwarzes Gefieder schimmerte in der Sonne. Purpur war inzwischen sehr groß geworden und die lilafarbenen Federn stachen zwischen dem anderen Gefieder hervor.

»Schöner Vogel«, sagte die Försterin. »Was ist das für eine Vogelart?«

»Es ist eine sehr unbekannte Spezies, keine Ahnung«, antwortete Kim.

Die Försterin nickte.

»Ihr habt ihn gut trainiert«, sagte sie.

Wir lächelten. Purpur sprang auf Lucas Schulter.

»Wo habt ihr den Vogel her?«, fragte die Försterin.

»Wir haben seine Mutter gerettet«, erzählte ich.

Wir liefen zurück zum Forsthaus. Purpur saß inzwischen auf Sams Schulter.

»Das müsst ihr mir später genauer erzählen«, sagte die Försterin.

»Wie heißen Sie?«, fragte Luca die Försterin.

»Du kannst du zu mir sagen«, sagte sie. »Ich heiße Dana.«

Wir bemerkten nicht die Person, die hinter einem Busch versteckt war und uns beobachtete. Auch als wir von ihr verfolgt wurden, merkten wir nichts. Purpur hüpfte von einer Schulter zur anderen, da er sich nicht entscheiden konnte, wo er sitzen wollte. Als wir im Forsthaus angekommen waren, setzten wir uns in die Küche, an einen Tisch. Wir bekamen Limonade und ich fing an zu erzählen:

„ Es war im Sommer. Es war super tolles Wetter und wir sind auf den Spielplatz gegangen. Nachdem wir mit Wasser gespielt hatten, haben wir angefangen verstecken zu spielen. Kim und ich verbargen uns in einem großen Gebüsch. Wir hörten ein Rascheln hinter uns. Wir zuckten zusammen und drehten uns um. Ich konnte nichts entdecken. Da raschelte es wieder. Ich fuhr herum. Etwas Kleines verschwand zwischen den Blättern.

»Was war das?«, flüsterte ich. »Ich weiß es nicht«, antwortete Kim mit zittriger Stimme. Wir hörten wieder das Rascheln und sahen, wie die Blätter sich bewegten. Da entdeckten wir einen Vogel. Sein Flügel hing herunter bis auf dem Boden.

»Der ist bestimmt gebrochen«, sagte Kim.

Die anderen kamen und wir beobachteten den Vogel.

»Er ist bestimmt am Verhungern«, sagte Sam.

»Ich habe noch Essen in meiner Brotbüchse. Ich gehe es holen«, sagte ich und rannte weg. Als ich wieder kam, hatten die anderen den Vogel schon eingefangen.

»Jetzt können wir ihn füttern«, sagte Luca.

Wir fütterten ihn mit Broträndern und gaben ihm etwas zu trinken. Der Vogel aß und trank. Dann mussten wir leider nach Hause. Sam nahm den Vogel mit zu sich, um sich um ihn zu kümmern. Ich ging mit den anderen bis zur Ecke, ab da trennten sich unsere Wege.

Am nächsten Tag gingen wir nach der Schule wieder zum Spielplatz, um kleine Äste zu sammeln, damit der Vogel sich ein Nest bauen konnte. Als wir ganz viele gesammelt hatten, gingen wir hoch zu Sam. Wir brachten die ganzen Stöckchen ins Zimmer, in dem der Vogel in einem altem Hamsterkäfig saß. Wir legten sie in den Käfig, der Vogel blieb ruhig in einer Ecke sitzen.

»Wir müssen uns einen Namen ausdenken«, sagte Sam. Wir überlegten eine Weile. Mir fiel nichts ein. »Ich fänd Charlie gut, weil der Name so schön ist«, sagte Luca. Wir waren einverstanden. Nach einiger Zeit mussten wir nach Hause. Am Wochenende konnten wir uns nicht treffen, um Charlie zu besuchen.

Am Montag erzählte uns Sam, dass Charlie gleich nach der Schule zum Tierarzt gebracht wird. Deswegen konnten wir uns an dem Tag nicht nach der Schule treffen. Zuhause war mir langweilig, ich setzte mich auf die Fensterbank und sah nach draußen. Heute schien die Sonne nicht und der Himmel war mit grauen Wolken bedeckt. Es fing an zu nieseln.

Das tröpfeln wurde immer stärker und es fing an zu Gewittern. Ich sah auf die Uhr. Charlie war bestimmt gerade beim Tierarzt. Der Regen prasselte gegen die Scheibe und Blitze zuckten über den Himmel, gefolgt vom Grollen des Donners.

Am nächsten Tag kam ich etwas zu spät zur Schule. Ich schlüpfte durch die Tür und setzte mich auf meinen Platz. Die Lehrkraft schrieb gerade etwas an die Tafel und bemerkte mich zum Glück nicht.

»Hi, Mo«, begrüßte mich Kim leise.

»Hallo«, flüsterte ich zurück.

»Was hat der Tierarzt gesagt?«, fragte ich Kim. »Keine Ahnung, Sam ist noch nicht da«, war die Antwort. Ich drehte mich um, der Platz schräg hinter mir war leer. Nur Luca saß dort. Nach 10 Minuten klopfte es an der Tür. Sie ging auf und Sam kam herein.

»Entschuldigung. Hab verschlafen«, murmelte Sam und schlurfte, mit müdem Gesicht und verweinten roten Augen, auf den Platz. Während der ganzen Stunde kam von hinten kein Wort. Es klingelte endlich. Alle liefen nach draußen auf den Hof.

»Was ist los?«, fragten wir Sam. Sam stand mit gesenktem Kopf da. Wir setzten uns auf eine Bank. »Charlie wurde eingeschläfert«, sagte Sam nur. Wir schwiegen, wir waren zu traurig, um zu sprechen. »Die Tierärztin hat gesagt, der Flügel würde nicht wieder richtig verheilen«, fuhr Sam fort.

Ich sah die anderen an. Sie hatten Tränen in den Augen, da wurden meine Augen auch wässrig. Ich hatte keinen Hunger mehr und ich fing an zu zittern. Wir saßen still auf der Bank, die ganze Pause lang. Den Rest des Unterrichts bekam ich kaum noch mit. Nach der Schule gingen wir zu Sam. Wir wollten Charlies Zeug aufräumen. Sam brachte den Futternapf und die Wasserschale in die Küche. Luca räumte die Äste weg, die Charlie nicht für das Nest benutzt hatte. Kim wollte eigentlich das Nest wegräumen, starrte aber nur darauf.

»Seht mal!«. Kim zeigte auf das Nest. »Was ist da?« fragte ich. Kim schob ein paar Federn zur Seite. Zum Vorschein kam ein grünliches Ei. Wir drängten uns um den Käfig.

»Charlie hat ein Ei gelegt«, sagte Luca.

»Was machen wir jetzt damit?«, fragte Kim.

»Wir müssen es ausbrüten«, sagte Luca bestimmt.

»Und wie?«, fragte Kim.

»Mit einer Wärmflasche«, schlug Sam vor.

»Oder mit einem Kirschkernkissen«, sagte Luca.

»Auf der Heizung«, fiel mir ein.

»Ich weiß nicht, ob das so leicht geht«, sagte Kim.

»Aber wir können es ja versuchen«.

Sam holte eine kleine Decke. Luca umwickelte das Ei mit der Decke und legte beides auf die Heizung. Da kam Sams Vater ins Zimmer.

»Es gibt gleich Essen«, sagte er. »Was macht ihr gerade?«

»Nichts, wir spielen nur«, sagte Kim.

»Ok«, sagte er und schloss die Tür.

»Wieso hast du meinem Vater nicht gesagt, dass Charlie ein Ei gelegt hat und ihn belogen?«, fragte Sam.

»Ich glaube nicht, dass er uns erlauben wird, das Ei zu behalten«, erklärte Kim.

Nach dem Essen räumten wir zu Ende auf und dann mussten wir auch schon nach Hause gehen. Luca nahm das Ei mit zu sich. Ich fragte mich, ob aus dem Ei etwas schlüpfen würde. Kim schien es nämlich nicht zu glauben.

Am nächsten Tag kam ich wieder zu spät und Sam kam wieder noch später als ich. Luca hatte eine dicke Bauchtasche um und Kim las neben mir ein Buch über Vögel. In der Pause saßen wir wieder auf einer Bank, dieses Mal ganz am Rand des Schulhofs. Luca öffnete die Bauchtasche und zeigte uns das Ei, das zwischen einer kleinen Wärmflasche und einem Kirschkernkissen in einer kleinen Decke eingewickelt war. Sam und Luca waren davon überzeugt, dass das Küken schlüpfen würde. Sie überlegten sich sogar Namen. Kim sagte nichts dazu. Im Klassenzimmer legte Luca die Bauchtasche auf einen Tisch. Dann spielten Sam und Luca fangen. Sie rannten um die Tische und verstellten sich den Weg mit Stühlen. Dabei stieß Sam gegen den Tisch, auf dem die Tasche war. Es schien mir so, als würde sie in Zeitlupe auf den Boden fallen. Erschrocken hob Luca sie auf. Ich nahm sie und öffnete sie. Ich schob zuerst die Decke zur Seite. Das Ei war zum Glück ganz. Kim atmete erleichtert auf.

Danach war ein ganz normaler Schultag. In Mathe sagte mir Kim, es gäbe eine Bibliothek, in der bestimmt viele Bücher über Vögel zu finden sind.

Leise schlichen wir am Bibliothekar vorbei. Durch die Gänge der alten Bibliothek.

»Ich verstehe nicht, wieso keine Kinder in die Bibliothek dürfen«, sagte Sam.

»Die sind total unfair«, sagte Luca und fragte Kim: »Was machen wir überhaupt hier?« »Wir suchen ein Buch über Vögel, um herauszufinden, was für eine Vogelart Charlie war«, antwortete Kim. »Wieso?«, fragte Sam. »Um den Vogel aufziehen zu können, falls er schlüpft«, sagte Kim.

Wir liefen die Gänge entlang, immer Kim hinterher. An den Wänden waren deckenhohe Regale aus dunkelbraunem Holz. In den Regalen waren tausende Bücher in vielen verschiedenen Farben. Es war still und jedes Geräusch, das ich machte, hörte sich total laut an. Ich hatte Angst, dass wir entdeckt werden würden. Kim schien sich hier perfekt auszukennen. Wir rannten eine Treppe hoch. Kim ging zu einem

Regal und fing an, sich die Bücher anzugucken. Wir setzten uns an einen Tisch und warteten. Kim zog ein großes schweres Buch aus dem Regal, legte es auf den Tisch und blätterte es durch.

»Zeig mal das Ei«, sagte Kim, ohne vom Buch aufzuschauen.

Luca holte es aus der Bauchtasche. Kim sah es sich an und blätterte weiter im Buch herum.

»Hallo«, sagte eine Stimme hinter uns. Wir fuhren herum. Hinter uns standen zwei Personen. Beide hatten Laborkittel an. Wir starrten sie überrascht an. Ich konnte mich kaum bewegen und brachte kein Wort heraus. Kim hatte die beiden nicht bemerkt und sah immer noch ins Buch, als die Frau Kim begrüßte.

»Hallo Kim«. Kim sah verschreckt auf und grüßte dann zurück.

»Was macht ihr denn?«, fragte die andere Person.

»Wir arbeiten an einem Schulprojekt«, antwortete Kim.

»Na dann, viel Spaß euch noch«, sagte die Frau und beide gingen die Treppe herunter.

»Das sind Kolleginnen von meinen Müttern«, sagte Kim, bevor wir fragen konnten.

Dann blätterte Kim weiter im Buch. Die anderen liefen gelangweilt im Gang herum. Plötzlich klappte Kim das Buch zu, sodass ich erschrocken zusammenzuckte.

»Findest du nichts?«, fragte ich.

Kim schüttelte den Kopf und sagte: »Keines der Bilder sah genau so aus wie das Ei oder Charlie«.

»Und jetzt?«, fragte Sam.

»Keine Ahnung«, sagte Kim erschöpft.

»Dann sind wir umsonst hergekommen«, sagte Luca genervt.

Kim legte müde den Kopf auf das Buch. Da kamen die beiden Erwachsenen wieder. Sie setzten sich zu uns an den Tisch.

»Braucht ihr Hilfe bei eurem Schulprojekt?«, fragte die Frau freundlich.

Wir schüttelten unsere Köpfe.

»Was ist das denn für ein Projekt?«, fragte sie.

»Über Vögel«, antwortete ich. »Was hast du in dieser großen Tasche?«, hörte ich sie noch fragen.

Luca sah uns nervös an.

»Ähh …«, stotterte Sam.

Die Erwachsenen runzelten die Stirn.

»Hey! Was macht ihr da?«, rief eine Person hinter uns. Wir drehten uns um und sahen den Bibliothekar die Treppe hoch eilen. Ich war total verunsichert. Wir hatten vergessen Wache zu stehen. Er kam wütend auf uns zu.

»Was macht ihr hier?«, fragte er sauer. »Ich hatte euch doch verboten reinzukommen. Ich bringe euch jetzt sofort raus«.

»Sie sind mit uns hier«, sagte die Frau.

»Aber …«, stotterte der Bibliothekar.

»Ist schon okay, wir kümmern uns um die Kinder«, wurde erwidert.

Der Bibliothekar ging schimpfend weg.

»Am besten, wir gehen ins Labor«, schlug die Frau vor.

Wir standen auf und folgten den beiden. Außerhalb der Bibliothek, aber noch im Gebäude, befand sich das Labor. Wir setzten uns an einen Schreibtisch in einem Büro.

»Was ist in der Tasche?«, fragte die Frau.

Wir zögerten. Kim verschränkte die Arme. Schließlich öffnete Luca den Reißverschluss und zeigte ihnen das Ei. Beide lächelten.

»Ihr brütet es aus?«, fragte sie. Sam nickte.

»Wir haben hier einen Brutkasten. Wenn ihr möchtet, kann das Ei hier zu Ende ausgebrütet werden«, schlug sie vor.

Sam nickte begeistert, aber Luca schüttelte den Kopf.

»Das schaffen wir alleine«, sagte Luca überzeugt.

»Mit einem Brutkasten ist es wahrscheinlicher, dass etwas schlüpft«, sagte Kim zögernd.

»Aber wir haben das Ei gefunden und wir wollten es auch ausbrüten«, grummelte Luca.

»Wenn dann aber nichts aus dem Ei schlüpft, seid ihr bestimmt traurig«, erwiderte Kim ruhig. »Aber wir könnten es ja trotzdem versuchen.«

Luca war beleidigt, gab dann aber trotzdem das Ei der Frau, die es hinaus brachte. Wir folgten ihr in einen anderen Raum. Dort legte sie das Ei in ein Schränkchen mit einer Glasscheibe vorne. Kim sagte, nach einem Blick auf die Uhr, dass wir gehen müssten. Luca redete auf dem Weg nach Hause nicht. Kim schien schlechte Laune zu haben und sagte auch nichts.

Es vergingen viele Tage.

Wir saßen gerade in Mathe, als kurz vor Schluss, Kims Handy klingelte. Alle drehten sich um und starrten uns an. Kim bekam ein rotes Gesicht, einige lachten.

»Kannst du bitte dein Telefon ausschalten«, bat die Mathelehrerin.

Kim schaltete es aus. Ich war wütend auf die, die gelacht hatten, aber ich wusste nicht, wer es gewesen war. Wir machten weiter. Die Schulklingel bimmelte. Wir packten unsere Sachen ein und drängten uns durch die Menge auf den Hof. Dort warteten Kim und ich auf Sam und Luca. Kim holte das Handy und nach einen kurzen Blick darauf wandte sich Kim zu mir.

»Das war Martha Lutz«, Kim tippte auf dem Handy herum.

»Wer ist das?«, fragte ich.

»Die Frau von der Bibliothek, die Kollegin meiner Eltern. Dort, wo wir das Ei gelassen haben«, war die Antwort.

Kim hielt sich das Handy ans Ohr.

»Rufst du sie an?«, fragte ich.

Kim nickte. Da kamen Luca und Sam. Kim lief voraus, hinaus aus der Schule und wir folgten. Beim Tor hatte ich kurz die Orientierung verloren, da entdeckte ich Kim auf der anderen Straßenseite. Ich rannte rüber. Kim legte gerade auf und packte das Handy ein. Luca und Sam kamen auf uns zu.

»Was machen wir heute?«, fragte Sam.

»Wir gehen zur Bibliothek«, antwortete Kim.

Wir fuhren mit der Straßenbahn in Richtung der Bibliothek.

»Was machen wir dort?«, fragte ich. Kim grinste nur.

»Was hat diese Martha Lutz am Telefon gesagt?«, fragte ich.

»Ihr werdet schon sehen«, sagte Kim geheimnisvoll.

Wir liefen das letzte Stück zur Bibliothek. Martha Lutz stand vor den großen Eingangstüren. Wir gingen zusammen hinein. Drinnen trafen wir auf den

Bibliothekar vom letzten Mal. Grinsend liefen wir an ihm vorbei. Er warf uns böse Blicke zu. Wir gingen ins Labor. Martha Lutz zeigte auf den Brutkasten.

»Guckt mal durch die Glaswand«, sagte sie.

Wir gingen zum Schränkchen und quetschten uns davor, damit alle sehen konnten. Das Ei hatte ein Riss.

»Sie haben es kaputt gemacht!«, schrie Luca Martha Lutz an.

Kim stellte sich zwischen die beide.

»Das Küken schlüpft«, sagte Kim.

»Ich lass euch mal kurz allein«, sagte Martha Lutz und ging hinaus. **“**

»Und dann ist Purpur geschlüpft«, sagte Kim zum Schluss.

»Traurige Geschichte«, sagte Dana. »Aber ihr habt das gut gemacht.«

»Und wir hatten Glück, dass das Küken geschlüpft ist«, fügte Kim hinzu.

Dana nickte. Es klopfte laut an die Tür. Dana stand auf und brachte Luca zuerst auf die Toilette, denn Luca musste dringend, und ging dann zur Tür. Purpur lief nervös auf der Stuhllehne hin und her. Sam streichelte ihn beruhigend. Wir hörten einen Schrei an der Tür. Sam, Kim und ich rannten dorthin. Eine Gestalt mit einer Skimaske hielt Dana fest.

»Rennt weg!«, schrie sie. »Durch die Hintertür!«

Die Gestalt hielt ihr den Mund zu. Wir rannten zur Hintertür und rissen sie auf. Dort standen zwei andere Gestalten, ihre Gesichter waren auch mit Skimasken verdeckt. Wir rannten zurück. Dana hatte es anscheinend geschafft sich zu befreien, denn sie stand mitten im Raum.

»Wieso seid ihr nicht weggerannt?«, fragte sie erschrocken.

»Da waren zwei andere«, sagte Sam.

Dana griff sich ein Gewehr. Die Eingangstür stand noch offen. Die Gestalt, die vorher Dana angegriffen hatte, wich zurück. Die zwei Personen von der Hintertür kamen, blieben aber am Türrahmen stehen.

»Kommt her«, sagte Dana.

Wir stellten uns hinter sie. Sie hatte das Gewehr erhoben.

»Wo ist Luca?«, fragte uns Kim leise.

»Was?«, fragte Dana erschrocken. »Hoffentlich hat Luca gemerkt, was passiert ist, und versteckt sich.«

»Ganz ruhig«, sagte die Person, die mit uns im Zimmer war, zu Dana. »Tun Sie nichts Unüberlegtes.«

»Was wollen Sie?«, fragte Dana. »Gehen Sie wieder.«

Bevor die Person antworten konnte, rief Luca etwas aus der Küche, ich verstand nicht, was, es war zu leise.

»Hey, wo seid ihr?«, rief Luca lauter.

Die beiden Personen am Türrahmen verschwanden in Richtung Küche.

»Lassen sie das Kind in Ruhe!«, rief Dana.

Wir hörten Luca etwas reden und dann schreien.

»Legen sie das Gewehr auf den Boden, sonst passiert dem Kind etwas«, sagte die Person, die noch mit uns im Zimmer war.

Luca schrie in der Küche um Hilfe. Dana sah uns verzweifelt an.

»Lassen sie mich! Aua!«, hörten wir aus der Küche.

Da legte Dana das Gewehr auf den Boden.

»Sehr gut«, sagte die Person, ich glaube es war die, die Dana angegriffen hatte.

Dana wich mit uns zurück, als die Person auf uns zu

kam. Eine weitere Person mit verdecktem Gesicht kam durch die Haustür und schloss sie hinter sich. Jetzt waren zwei mit uns im Zimmer. Eine von ihnen nahm das Gewehr, die andere packte Dana. Wir wurden in die Küche gebracht. Dort mussten wir uns an den Tisch setzten und die Hände auf die Tischplatte legen. Es waren vier Personen, alle mit Skimasken.

»Was wollen Sie von uns?«, fragte Kim mutig.

»Sei leise«, konterte eine der Personen.

Sie blickten sich forschend in der Küche um und beredeten etwas.

»Wo ist der Vogel?«, fragte einer von ihnen.

Wir sahen uns suchend um. Purpur war nirgends zu sehen. Eine der Personen schickte die anderen suchen. Eine fünfte Person kam herein und nahm, auf Befehl des Zurückgebliebenen, die Schlüssel von Dana.

»Schließ alle Türen ab«, sagte die Person, woraufhin die andere verschwand.

Kurz darauf kamen die anderen wieder. Sie schüttelten die Köpfe. Anscheinend hatten sie Purpur nicht gefunden. Die Person, die die ganze Zeit bei uns gewesen war, zog die Skimaske vom Kopf. Es war eine junge

Frau. Die Anderen zogen auch die Masken ab. Sie waren alle ziemlich jung. Kim riss entsetzt die Augen auf. Die Leute entfernten sich etwas und besprachen sich.

»Was hast du, Kim?«, fragte ich.

»Wir haben ihre Gesichter gesehen«, antwortete Kim geschockt.

»Na und«, sagte Sam. »Ich glaube wir haben im Moment größere Probleme.«

»Nicht unbedingt«, murmelte Kim leise.

Ich verstand nicht, wieso sich Kim deswegen so große Sorgen machte.

»Wer sind die?«, fragte Luca.

»Die wollen Purpur haben«, antwortete Kim.

»Wisst ihr, wo der Vogel ist?«, fragte Dana.

Ich sah mich um und zuckte mit den Schultern. Dana sah zu den Leuten. Gerade kam die Person mit den Schlüsseln wieder. Jetzt waren sie zu fünft, so wie wir. Ich konnte nicht hören, was sie besprachen. Dana sah besorgt aus:

»Wenn sie den Vogel suchen, wäre es besser, ihn den Leuten zu geben«, sagte sie, »wer weiß, was sie uns sonst antun.«

Sie sah sich im Raum um. Wir sagten nichts dazu. Kim sah sie misstrauisch an.

»Wisst ihr wirklich nicht, wo er ist?«, fragte sie.

»Nein, wissen wir nicht«, sagte Kim mit fester Stimme.

Luca, Sam und ich sahen uns noch einmal im Raum um. Die Leute hatten sich anscheinend zu Ende besprochen, denn sie sahen uns an und ein Mann kam auf uns zu.

»Du«, er zeigte auf Luca. »Ruf den Vogel, wir haben gesehen, dass er auf dich hört.«

Luca schluckte und sah uns unsicher an. Dana nickte aufmunternd.

»Purpur«, rief Luca mit zittriger Stimme. »Purpur, komm zu mir.«

Nichts geschah, nur die Leute sahen sich verärgert an. Ich sah auch, dass Dana kurz das Gesicht wütend verzog. Kim sah es auch.

»Sucht noch mal alles durch, der Vogel muss hier irgendwo sein, die Fenster waren alle geschlossen«, sagte die Frau.

Die Anderen gingen aus der Küche, nur die Frau blieb.

»Wieso wollen sie Purpur haben?«, fragte Kim sie.

»Sei still«, befahl sie gestresst und zog ein Handy heraus. Sie sah zu Dana.

»Sie kommen jetzt mit!«, entschied sie.

Dana stand auf und beide gingen hinaus. Die Tür wurde abgeschlossen. Kim stand sofort auf, nahm einen Stuhl und stellte ihn unter ein Fenster.

»Sollen wir etwa aus dem Fenster klettern?«, fragte ich skeptisch.

Kim nickte.

»Und was ist mit Purpur?«, fragte Sam.

»Ich gehe nicht ohne Purpur«, sagte Luca bestimmt und blieb sitzen.

»Wenn wir uns nicht erst selbst retten, können wir Purpur auch nicht helfen«, sagte Kim und öffnete das Fenster.

Luca stand auf und kam zu uns.

»Wer will zuerst gehen?«, fragte Kim. Luca und Sam antworteten nicht.

»Ich gehe«, sagte ich, denn ich wusste, dass Kim Höhenangst hatte.

Ich stellte mich auf den Stuhl, kletterte von dort auf die Fensterbank und sah nach unten.

»Es ist überhaupt nicht hoch«, stellte ich fest.

Dann sprang ich hinunter. Sam kam auch raus. Ich hörte, wie Luca und Kim vor dem Fenster diskutierten.

»Kommt jetzt«, rief ich leise.

Luca kletterte auf die Fensterbank und sprang zu uns. Dann war Kim dran. Ich streckte meine Hand aus. Kim nahm sie und sprang.

»War es schlimm?«, fragte ich.

Kim schüttelte den Kopf. Wir schlichen vor das Haus. Dort stand ein kleiner Transporter.

»Kommt«, sagte Kim und lief vor in den Wald.

Wir folgten.

»Weißt du, wo wir hin müssen?«, fragte ich leise. Kim schüttelte den Kopf.

»Ich hab mir den Weg davor nicht gemerkt«, sagte Kim, als wir ein Stück vom Haus entfernt waren.

Die anderen hatten ihn sich auch nicht gemerkt. Wir liefen den Weg entlang. Wir kamen zu der kleinen Lichtung, wo wir davor mit Purpur gewesen waren. Ich lehnte mich gegen den Baumstumpf und sah in den

Himmel. Da entdeckte ich Purpur, der dort oben Kreise drehte.

»Guckt mal«, rief ich und zeigte nach oben. Die Anderen kicherten glücklich. Purpur flog zu uns herunter. Wir streichelten ihn. Kim drehte sich plötzlich um. Ich drehte mich auch um und entdeckte Dana, die auf uns zu rannte.

»Schnell, wir müssen hier weg«, sagte Kim und wollte wegrennen, aber Luca verhinderte es.

»Was hast du, es ist doch nur die Försterin, Dana«, sagte Sam.

»Sie kann uns helfen, aus dem Wald zu kommen«, sagte Luca.

»Nein«, sagte Kim verzweifelt.

Dana kam an. Sie holte tief Luft.

»Was machen Sie hier?«, fragte Kim, gerade als diese etwas sagen wollte.

»Ich konnte entkommen«, sagte Dana.

Kim schien ihr nicht zu glauben, was sie sagte.

»Purpur ist ja hier«, sagte die Försterin erstaunt.

»Sie müssen uns helfen, aus dem Wald zu kommen«, bat Luca.

»Tut mir Leid«, sagte Dana und nahm sich Purpur.

»Was machen sie da?«, fragte Sam.

»Es tut mir wirklich leid«, sagte sie.

Sam und Luca waren verwirrt.

»Sie gehört zu denen«, erklärte Kim.

»Was?«, fragte Luca erschrocken und sah unsicher zu Dana.

Sie lächelte, aber es sah traurig aus.

»Kommt, wir gehen zurück ins Haus«, sagte sie.

Sie ging vor und wir folgten nicht. Da kamen drei von den maskierten Leuten aus dem Wald. Kim wurde gezwungen mitzugehen und lief Dana hinterher. Also mussten wir auch folgen, denn Kim würden wir nie zurücklassen. Außerdem schoben uns die anderen beiden Erwachsenen weiter, wenn wir stehen blieben oder langsamer liefen. Wir liefen zum Forsthaus und dort wurden wir in die Küche gebracht. Purpur wurde in eine Transportbox gesteckt. Kim war jetzt ziemlich sauer.

»Wollen Sie Purpur an einen reichen Sammler verkaufen, oder was haben Sie mit ihm vor?«, fragte Kim.

Die eine Frau war jetzt nicht mehr so gestresst und schien bereit zu sein, auf Kims fragen zu antworten.

»Wir haben den Auftrag, den Vogel ... Wie heißt er?«

»Purpur«, antwortete ich.

»Wir haben den Auftrag, Purpur wohin zu bringen«, sagte sie.

»Und von wem?«, fragte Luca.

Die Frau lächelte.

»Das sagen wir euch natürlich nicht«, sagte Dana freundlich.

Ein Handy klingelte und ein Mann ging aus der Küche, um zu telefonieren.

»Gut«, sagte die Frau. »Wir packen jetzt zusammen und machen uns fertig zum Gehen.«

Ich glaube, sie war die Chefin.

»Was machen wir mit den Kindern?«, hörte ich aus der Gruppe fragen.

»Wir bekommen jetzt die Anweisungen darüber«, antwortete sie.

Einige aus der Gruppe nickten, der Mann kam wieder herein. Er sah irgendwie bedrückt aus.

»Wir sollen die Kinder mitnehmen«, sagte er.

Es entstand Gemurmel in der Gruppe.

»Das war nicht geplant«, sagte Dana.

»Wieso?«, fragte die Chefin den Mann.

»Weil sie unsere Gesichter gesehen haben«, antwortete er. Kim seufzte niedergeschlagen.

Die Chefin atmete tief aus und dachte nach.

»Das geht doch nicht, sie sind doch noch Kinder«, sagte Dana.

»Ich werde mit ihnen telefonieren«, entschied die Chefin.

Sie nahm das Handy und verließ das Zimmer.

Alle schienen bedrückt zu sein. Ich hatte Angst. Was, wenn ich meine Eltern nie wieder sehen würde? Mir kamen Tränen in die Augen. Kim drückte beruhigend meine Hand.

»Es wird alles gut«, flüsterte Kim uns zu. Aber ich bemerkte, dass Kim es selbst nicht so richtig glaubte.

Wir hörten die Chefin vor der Tür diskutieren. Dann wurde es leise. Eine Weile war es nur still. Ich konnte das Klopfen meines Herzens hören. Dann öffnete sich die Tür und die Chefin trat mit gesenktem Kopf ein.

»Wir müssen los«, sagte sie. Die Erwachsenen nickten.

»Wir sollen zur Lagerhalle fahren und dort treffen wir sie«, sagte die Chefin und ging wieder nach draußen. Dann wurden wir von den anderen zum Transporter gebracht. Die Chefin war schon vorne eingestiegen. Die hinteren Transportertüren wurden geöffnet und wir wurden hineingeschoben. Wir mussten uns auf den Boden setzen. Der eine Mann stieg mit uns hinten ein. Dann wurden die Türen geschlossen. Die anderen stiegen vorne ein und setzten sich auf die Sitze. Die Transportbox wurde nach hinten gereicht. Der Mann nahm sie und stellte sie auf den Boden, dann setzte er sich dazu.

»Die Kinder dürfen den Vogel bei sich haben, wenn sie die Box nicht aufmachen«, sagte die Chefin nach hinten.

Der Mann schob die Transportbox mit dem Fuß zu uns. Der Motor wurde angeschaltet und der Wagen setzte sich in Bewegung.

»Haltet euch irgendwo fest«, befahl uns der Mann.

Von unseren Plätzen aus konnten wir nicht nach draußen sehen. Wir fuhren ziemlich lange.

»Wohin bringen sie uns?«, fragte Sam den Mann, der mit uns hinten im Wagen war.

Ich bekam wieder Angst.

»In eine Lagerhalle«, antwortete er.

Sam wollte etwas sagen, aber der Mann sagte: »Wo genau sie ist, werdet ihr nicht erfahren.«

Sam senkte den Kopf und schwieg. Ich steckte meine Finger durch die Ritzen der Box und streichelte Purpur, der traurige Laute von sich gab. Langsam wurde ich schläfrig. Ich legte meinen Kopf auf Kims Schulter und schlief nach einer Weile ein.

Ich wachte auf, als so stark gebremst wurde, dass mein Kopf von Kims Schulter rutschte und fast auf die Transportbox aufschlug.

»Bau keinen Unfall«, hörte ich von vorne.

»Ja, tut mir ja Leid. Ich bin halt etwas nervös«, war die genervte Antwort.

Ich lehnte meinen Kopf gegen die Autowand und schlief wieder ein.

Kim weckte mich. Ich wusste nicht, wie viel Zeit vergangen war.

»Wir sind da«, sagte der Mann.

Ich sah nach vorne. Das Auto schien irgendwo hinein zu fahren, denn es wurde etwas dunkler. Und schon hielten wir. Der Mann stand auf. Die anderen stiegen vorne aus. Die Türen wurden auch hinten bei uns geöffnet und wir stiegen aus. Der Mann reichte die Transportbox mit Purpur nach draußen und Dana nahm sie. Die Lagerhalle war ziemlich groß. Ich sah Kisten und große Metall-Container. In einer Ecke standen Bürotische und in einer anderen Doppelstockbetten. Es war duster, denn einige Lampen schienen kaputt zu sein. Die Lagerhalle schien alt und in schlechtem Zustand zu sein. Ich sah mich weiter um, als wir zu den Tischen geschoben wurden. Hier schienen Leute zu wohnen. In einem der Container sah ich eine einfache Küche, in einem anderen ein Bad mit Kabinen und Waschbecken. Ich spürte einen Luftzug und fing an zu frieren. Der Mann nahm ein paar Stühle und stellte sie an die Wand.

»Setzt euch dahin!«, befahl die Chefin.

Wir setzten uns auf die klapprigen Stühle.

»Wann kommen die?«, fragte Dana.

»Keine Ahnung«, murmelte die Chefin, »wir warten einfach.«

»Es müssen nicht alle auf sie aufpassen, oder?«, fragte eine andere Frau.

Die Chefin schüttelte den Kopf. »Eine Person reicht. Am besten, wir wechseln uns ab. Wer will zuerst?«, fragte sie. Der Mann meldete sich.

»Okay«, sagte die Chefin.

Der Mann nahm sich einen Stuhl und setzte sich an den Tisch, der direkt neben uns war. Die anderen gingen andere Sachen machen. Dana setzte sich auf ein zerfleddertes Sofa und beobachtete Purpur. Die Chefin ging nach draußen, um zu telefonieren, und die zwei anderen sammelten schmutzige Wäsche ein und räumten auf. Sam und Luca schliefen ein vor Langeweile.

»Wohnen Sie hier?«, fragte Kim den Mann.

Er nickte mit düsterem Gesicht.

»Wie viele?«, fragte Kim.

Ich zählte die Betten. Es gab zwölf, also vierundzwanzig Schlafplätze.

»Dreiundzwanzig«, antwortete er.

»Wieso?«, fragte Kim.

Der Mann sah Kim wütend an, dann seufzte er.

»Weil wir kein Geld für etwas anderes haben«, sagte er.

»Deswegen entführen Sie Purpur«, stellte Kim fest.

Der Mann nickte. »Wir leben von diesen Aufträgen. Niemand von uns hat eine gut bezahlte Arbeit.«

»Und Dana? Sie ist doch Försterin«, fragte ich.

»Sie ist leider nicht wirklich eine Försterin«, murmelte der Mann.

Die Chefin kam wieder herein. Sie kam zu uns.

»Und?«, fragte der Mann.

Sie seufzte müde. »Sie kommen vielleicht heute Abend«, sagte sie.

»Vielleicht?«, fragte der Mann beunruhigt.

»Es kann sein, dass sie erst morgen kommen«, antwortete sie resigniert.

Sam und Luca wachten auf. Sie streckten sich.

»Ich hab Hunger«, murmelte Sam.

Die Chefin nickte. »Ihr bekommt später etwas zu Essen«, sagte sie.

»Mir ist kalt«, sagte Luca.

»Ich hole Decken«, sagte der Mann und stand auf.

»Können wir jetzt nach Hause?«, fragte Sam verschlafen.

»Nein«, sagte die Chefin mit fester Stimme. »Kommt mit.«

Wir standen auf und folgten ihr. Sie öffnete einen Container. Sie schaltete drinnen eine Lampe ein.

»Geht da rein«, sagte sie.

Der Mann stellte sich zu uns. »Was ist los, Liza?«, fragte er.

Sie seufzte. »Am besten, wir freunden uns nicht mit ihnen an. Spätestens morgen werden wir sie nie wieder sehen«, sagte sie. »Erzähl ihnen am besten nichts mehr.«

»Ich hab ihnen doch gar nichts erzählt. Wieso behauptest du das?«, protestierte er.

»Weil du mein Bruder bist, und ich dich kenne, Jo«, sagte sie lächelnd. »Pass einfach auf, was du sagst.«

Liza, die Chefin, ging.

»Bitte geht da rein«, sagte Jo, der Bruder von Liza.

Wir gingen in den Container. Es gab zusammenklappbare Campingbetten. Sam und Luca waren immer noch müde, sie legten sich hin und schlossen die Augen.

»Halten Sie hier öfter Leute gefangen?«, fragte Kim vorwurfsvoll.

Jo schüttelte den Kopf. »Der Raum ist eigentlich für Gäste.«

Er ging hinaus. An den Türen blieb er kurz stehen und drehte sich um. »Ihr bekommt bald Essen«, sagte er.

Kim setzte sich traurig auf ein Campingbett.

»Glaubst du, es wird alles wieder gut?«, fragte ich.

Kim zuckte mit den Schultern. »Das kommt darauf an, wer den Auftrag gegeben hat ... glaube ich mal.«

Wir schwiegen eine Weile.

»Ich glaube, wir können nichts tun. Wir haben ihre Gesichter gesehen und ...«, Kim brach ab, legte die Hände aufs Gesicht und fing an zu schluchzen.

Mir kamen auch die Tränen. Ich lehnte mich gegen Kim. Jo kam wieder herein, er hatte zwei Wasserflaschen in der Hand. Er sah uns betroffen an, dann kam er zu uns und kniete sich vor uns hin.

»Nicht weinen«, sagte er. »Wollt ihr etwas trinken?«

Wir nickten. Er öffnete die Flaschen und wir tranken etwas. Jo nahm unsere Hand und führte uns hinaus.

»Was ist passiert?«, fragte ihn Dana.

Wir wurden zu ihr zum Sofa gebracht. Purpurs Box stand dort auf dem Boden. Wir setzten uns. Ich bekam die Box auf den Schoß. Ich steckte meine Finger durch einen Schlitz und streichelte ihn. Jo gab uns eine Decke.

»Alles ok?«, fragte Jo.

Ich nickte. Kim starre traurig auf den Boden. Liza kam und seufzte, als sie uns sah.

»Was hatte ich über die Kinder gesagt?«, fragte sie.

»Aber sie haben geweint«, sagte Dana.

Liza lächelte leicht genervt. »Wo sind die anderen beiden?«, fragte sie.

»Die sind noch im Container, sie schlafen«, antwortete Jo.

Liza nickte. Sie hockte sich vor uns hin.

»Geht es euch besser?«, fragte sie uns.

Wir nickten.

»Dann gehen wir jetzt wieder zu euren Freunden«, sagte sie.

Ihre Stimme war freundlich. Sie nahm meine Hand und zog mich hoch.

»Lass sie doch hier bleiben«, sagte Jo. »Sie können ja ein bisschen fernsehen.«

»Von mir aus, aber freundet euch nicht noch mehr mit ihnen an«, sagte sie.

Dann ging sie zu den Schreibtischen. Jo nahm eine Fernbedienung und drückte sie Kim in die Hand.

»Was wollt ihr gucken?«, fragte er.

Er schaltete den Fernseher ein. Wir machten nichts. Jo nahm die Fernbedienung und schaltete einen Kindersender ein. Die Sendung war langweilig, aber sie lenkte mich von meiner Traurigkeit ab. Kim schlief nach einer Weile ein und lehnte sich neben mich. Alle setzten sich zu uns, außer Liza.

»Wer macht Essen?«, fragte Jo.

Niemand antwortete. Da seufzte er und stand auf.

»Ich mache Essen«, sagte er. »Ihr passt dann auf die Kinder auf.«

Alle nickten. Er ging in den Küchen-Container.

»Komm, wir decken den Tisch«, sagte eine junge Frau zu den anderen.

Kim und ich blieben sitzen und sahen zu. Dann kam die junge Frau wieder, nahm meine Hand und brachte mich zu einem riesigem Tisch. Die anderen stellten noch ein paar andere Tische an den riesigen Tisch. Jetzt war es eine riesige Tafel. Ich zählte die Plätze, es waren 27. Die Stühle und Hocker waren dicht aneinander gequetscht. Ich wurde ganz am Rand der Tafel auf einen Stuhl geschoben. Die junge Frau ging Luca und Sam holen. Kim setzte sich verschlafen neben mich. Luca und Sam kamen auch. Liza kam und setzte sich zu uns, ganz am Kopf der Tafel. Jo brachte einen riesigen Topf voller Nudeln. Dana brachte auch einen. Die anderen verteilten Schüsseln. Wir bekamen Nudeln und einen Löffel. Alle setzten sich. Der Tisch war aber nicht mal zur Hälfte besetzt. Es waren nur zehn von den 27 Plätzen besetzt. Von draußen drangen Auto-Geräusche herein. Dann ging die Tür auf und es kamen noch mehr Leute in die Lagerhalle. Sie unterhielten sich und setzten sich an die Tafel. Einige sahen uns erstaunt an. Als alle auf ihren Plätzen saßen, durften wir essen. Es war still, nur die Geräusche von klirrendem Besteck und Kauen war zu hören. Ich war sehr hungrig und aß schnell auf. Die meisten waren auch schon fertig und unterhielten sich. Ich bemerkte, dass wir neugierig angesehen wurden und gefragt wurde, wieso wir hier seien. Als alle aufgegessen hatten, wurden die Schüsseln,

Löffel und Töpfe eingesammelt und in die kleine Küche gebracht. Einige wuschen das Geschirr ab, die anderen wischten den Tisch oder den Boden und die übrigen räumten die Tische und Stühle zurück. Alle halfen mit und es dauerte nicht lange, bis alles aufgeräumt war. Wir Kinder saßen auf dem Sofa in Decken gewickelt und beobachteten die Leute. Purpurs Box stand vor dem Sofa, zu unseren Füßen.

»Wir könnten doch jetzt einfach wegrennen«, schlug Sam vor.

»Die sind zu viele ... sie würden uns einfach wieder einfangen«, sagte Kim.

»Die sind doch alle beschäftigt«, widersprach Luca und wollte aufstehen.

Kim verhinderte das. »Der Ausgang ist viel zu weit weg und die sind schneller da als wir«, sagte Kim.

»Und die haben Autos, also könnten sie uns verfolgen«, sagte ich.

»Stimmt«, murmelte Sam.

»Na?«, fragte eine Stimme neben uns.

Ich zuckte zusammen. Dana stand dort.

»Tut mir leid, ich wollte euch nicht erschrecken«, sagte sie. »Worüber redet ihr?«

»Über nichts«, sagte Kim abweisend.

Dana hatte eine Schale mit Wasser und eine mit Nüssen in der Hand.

»Könnt ihr mir kurz helfen?«, bat sie.

Ich sah sie misstrauisch an und wechselte dann einen unsicheren Blick mit den anderen. Kim zuckte ratlos mit den Schultern, nickte aber.

»Kannst du bitte die Transportbox mit dem Vogel auf den Tisch stellen?«, fragte sie und deutete mit dem Kopf auf einen kleinen Tisch neben dem Sofa.

Ich nahm zögernd die Box und stellte sie auf den Tisch.

»Jetzt öffnest du sie vorsichtig, sodass der Vogel nicht hinausfliegt. Nachdem ich die Schalen rein getan habe, schließt du die Box wieder«, sagte sie.

Ich nickte zurückhaltend und öffnete das kleine Türchen. Um zu verhindern, dass Purpur herausflog, versperrte ich ihm den Weg mit der Hand. Zu gerne wollte ich Purpur einfach befreien. Dana stellte die Schalen rein und ich schloss die Tür wieder. Erst hielt sich Purpur zurück, aber dann pickte er in den Nüssen. Ich stellte die Box wieder auf den Boden. Liza trat zu uns.

»Ihr müsst jetzt in den Container«, bestimmte sie.

Wir folgten ihr zum Container und gingen hinein. Sie schloss eine Tür, die andere ließ sie offen stehen. Wir setzten uns. Kurz darauf kam Jo herein. Er hatte einige flache Kisten in der Hand.

»Ich habe euch ein paar Spiele mitgebracht«, sagte er freundlich und stellte die Spiele auf den Boden.

Dann ging er wieder. Ich setzte mich auf den Boden und sah mir die Spiele an.

»Kommt, wir spielen etwas«, schlug ich vor.

Die anderen schienen keine Lust zu haben.

»Kommt schon«, sagte ich.

»Wieso?«, fragte Kim lustlos.

»Damit die Zeit schneller vergeht«, sagte ich.

Kim murmelte etwas leise.

»Was hast du gesagt?«, fragte ich.

»Du hast recht, Mo. Kommt, wir spielen etwas«, sagte Kim und setzte sich zu mir.

Luca und Sam setzten sich schließlich auch zu uns und wir spielten Karten. Die Zeit verging so tatsächlich viel schneller und wir hatten sogar etwas Spaß. Ich glaube, es war schon Abend, als Dana hereinkam.

»Kommt mit«, sagte sie. »Wir gehen ins Bad.«

Wir folgten ihr in den anderen Container. Es war jetzt dunkler, da die meisten Lampen ausgeschaltet waren. Die Leute liefen bei den Betten umher, manche schienen schon zu schlafen. Im Bad-Container gingen wir alle auf die Toilette. Dann wurden wir wieder zurück gebracht. Der Mann legte gerade Decken auf die Campingbetten.

»Legt euch hin«, sagte Dana.

Wir legten uns auf die Betten und deckten uns zu.

»Braucht ihr etwas?«, fragte Jo.

Wir schüttelten die Köpfe.

»Schlaft gut«, sagten beide und gingen hinaus.

Ich konnte nicht schlafen. Jetzt hatte ich noch mehr Angst und Heimweh. Ich blieb gefühlte Stunden still liegen, ich wollte den anderen keine Angst machen.

»Ist jemand wach?«, flüsterte ich in die Dunkelheit.

Keine Antwort. Also schliefen alle schon.

»Schläfst du, Kim?«, flüsterte ich lauter.

»Nein«, sagte Kim.

»Ich habe Angst«, flüsterte ich.

»Du brauchst keine Angst zu haben«, flüsterte Kim zurück.

»Aber es ist so dunkel«, sagte ich.

Stille.

»Kim?«, fragte ich mit zittriger Stimme.

Keine Antwort. Ich hörte, wie neben mir etwas umfiel. Ich war kurz davor zu weinen.

»Kim?«, flüsterte ich fast lautlos.

Ich war gelähmt vor Angst. Etwas streifte mein Bein. Meine Hände waren zu Fäusten geballt und ich zitterte. Ich hörte mein Herz schnell klopfen. Das Etwas kam wieder und griff mein Bein fester. Ich bekam kaum noch Luft.

»Bist du das?«, fragte Kim. Es hörte sich ganz nah an.

»Ja«, quiekte ich.

Kim quetschte sich zu mir auf das Campingbett.

»Alles ok? Du zitterst ja.«

Ich schnappte nach Luft.

»Ganz ruhig«, sagte Kim mit ruhiger Stimme. »Atme tief ein und wieder aus.«

Ich versuchte es. Kim hielt meine Hand und atmete laut tief ein und aus. Ich beruhigte mich und dann bekam ich auch wieder richtig Luft.

»Geht es dir besser?«, fragte Kim.

»Ja, danke«, antwortete ich.

Plötzlich wurde es hell. Es war Kims Handy. Ich setzte mich aufgeregt auf.

»Wieso hast du dein Handy?«, fragte ich.

»Ich hatte es nicht im Forsthaus liegen gelassen wie ihr und ich glaube, Dana dachte dann, dass ich kein Handy habe«, erklärte mir Kim.

»Du kannst deine Mütter anrufen«, sagte ich überglücklich.

»Das geht nicht«, sagte Kim. »Ich habe es versucht, aber ich hab in dem Container irgendwie keinen Empfang.«

»Und draußen?«, fragte ich.

»Da vielleicht, aber ich weiß es nicht genau«, sagte Kim.

Mir kam eine Idee in den Kopf.

»Du könntest eine Nachricht schicken«, schlug ich vor.

»Dafür brauch ich auch Empfang«, sagte Kim nie-dergeschlagen.

»Aber du könntest sie ja hier drinnen schreiben und sie so vorbereiten, dass du das Handy draußen in deine Tasche steckst und dann auf senden drückst«, sagte ich aufgeregt. Kim nickte. »Das könnte funktionieren. Und wie können wir hier raus kommen?«

Ich zuckte mit den Schultern. »Schreib doch erst mal die Nachricht und dann überlegen wir das.«

Kim fing an zu schreiben.

»Wir brauchen eure Hilfe. Wir wurden entführt, als wir im Forsthaus waren. Die Leute wollen Purpur haben. Sie haben uns mit einem weißen, kleinen Transporter zu einer Lagerhalle gefahren. Ich weiß nicht wo die ist, aber wir sind ziemlich lange mit dem Auto gefahren. Die Leute wohnen hier und morgen kommen welche die entscheiden was mit uns passiert. Ihr müsst uns bitte vorher befreien. Wir vier sind noch zusammen und es geht uns gut. Ich hoffe ihr kommt bald. Ich hab euch lieb. Kim«

»Haben deine Mütter dich nicht angerufen?«, frag-te ich.

Kim nickte. »Das Handy war aber auf lautlos, damit es nicht entdeckt wird.«

»Weißt du schon, wie wir aus dem Container raus kommen sollen?«, fragte ich.

Kim nickte. »Du könntest dich zum weinen bringen und ich klopfe an die Containerwand, dann gehen wir zusammen raus, wenn jemand kommt. Ich frage, ob wir auf die Toilette dürfen. Du darfst aber nicht dauernd auf meine Tasche gucken oder so. Okay?«.

Ich nickte. »Aber auf der Toilette gibt es doch auch keinen Empfang, wenn es hier drinnen auch nicht geht«, sagte ich.

»Ich versende die Nachricht einfach auf dem Weg«, sagte Kim.

»Okay. Ich brauche einen Moment«, sagte ich.

Kim nickte. Ich konzentrierte mich darauf, mich zum Weinen zu kriegen. Es war aber nicht schwer und nach kurzer Zeit kullerten mir schon die Tränen über die Wangen.

»Bereit?«, fragte Kim.

Ich nickte. Kim steckte das Handy in die Tasche und klopfte an die Wand. Es war ziemlich laut.

Sam und Luca wachten zum Glück nicht auf. Ich hörte von der Tür das Geräusch, wie sie aufgeschlossen wurde. Kim zog mich zur Tür. Jo war da. »Was ist los?«, fragte er besorgt.

»Nichts«, antwortete Kim. »Nur Heimweh.«

Jo kniete sich vor mir hin.

»Möchtest du etwas trinken?«, fragte er.

Ich nickte.

»Und wir müssen auf die Toilette«, sagte Kim.

Jo nahm meine Hand.

»Komm mit«, sagte er.

Kim folgte uns nach draußen. Jo war verunsichert.

»Du bleibst hier«, sagte er.

Kim wusste keine Antwort. Ich schluchzte lauter.

»Mo hat Angst, wenn ich nicht dabei bin«, sagte Kim.

Jo sah mich an und seufzte. »Okay.«

Er brachte uns zum Küchen-Container und er schenkte mir ein Wasser ein.

»Möchtest du auch etwas?«, fragte er Kim.

»Nein danke. Ich habe keinen Durst«, antwortete Kim.

Ich bekam den Becher und trank etwas. Danach gingen wir zum Bad-Container. Kim ging auch auf die Toilette, Jo wartete draußen. Ich hörte auf zu weinen. Als wir zurück waren, zog ich Kims Bett neben meines. Als die Tür wieder zu war, zog Kim das Handy heraus.

»Es hat geklappt.«

Ich umarmte Kim.

»Wir sind gerettet«, sagte ich.

»Nicht unbedingt, wir müssen erst gefunden werden und wir wissen ja nicht, wo wir sind«, sagte Kim.

Ich gähnte, vom Weinen war ich müde geworden.

»Gute Nacht«, sagte Kim.

»Dir auch«, murmelte ich.

Ich schlief sofort ein.

Wir wurden von Liza und Jo am nächsten Morgen geweckt. Sie hatten ein Tablett mit vier Schüsseln dabei. Jo gab uns die Schüsseln. Darin waren Cornflakes mit Milch. Wir bekamen Löffel und fingen an zu essen.

»Bald wird entschieden, was mit euch passiert«, sagte Liza. »Solange bleibt ihr hier drinnen.«

Jo sah uns entschuldigend an.

»Und zwar bleibt ihr hier alleine«, ergänzte sie.

»Und was, wenn wir auf die Toilette müssen?«, fragte Luca.

»Dann dürft ihr natürlich raus, aber sonst nicht. Und daran halten sich heute auch alle«, sagte sie. Sie sah Jo streng an. »Du hältst dich auch daran!«

Jo nickte. Sam und Luca mussten dringend auf die Toilette und wurden dorthin begleitet. Kim und ich aßen auf. Liza war noch bei uns.

»Dürfen wir bitte etwas nach draußen, wegen frischer Luft? Hier drinnen ist es total stickig«, bat Kim.

Liza schüttelte den Kopf. »Ich schalte gleich die Belüftung an.«

»Bitte. Nur ganz kurz vor den Container«, bat Kim.

Liza schüttelte den Kopf. Ich verstand nicht, wieso Kim so darauf bestand, aber es war vielleicht wichtig. Ich stützte meinen Kopf mit den Händen ab und wimmerte etwas.

»Was hast du?«, fragte mich Liza.

»Mir ist schlecht«, sagte ich.

»Ist dir übel?«, fragte sie.

Ich schüttelte den Kopf. »Ich fühle mich merkwürdig.«

»Ist dir etwas schwindelig?«, fragte mich Kim.

Ich nickte.

»Bestimmt vom Sauerstoffmangel«, sagte Kim.

Ich musste mir ein Lachen verkneifen, dass machten wir manchmal in der Schule, um hinaus gehen zu können.

Liza stöhnte. »Ihr seid echt ...«, sie sprach nicht weiter. »Kommt«, sagte sie.

Wir durften vor dem Container hin- und hergehen. Als Luca und Sam wiederkamen, mussten wir wieder hinein. Wir spielten und Liza und ihr Bruder Jo schlossen die Türen.

Sofort holte Kim das Handy hervor. Luca und Sams Augen weiteten sich.

»Sie haben geantwortet«, sagte Kim.

»Wer?«, fragte Sam.

»Kims Mütter«, sagte ich.

Sie sahen glücklich aus.

»Lies vor«, bat ich Kim.

»Nicht so laut«, sagte Kim und hielt uns das Handy hin.

»Hallo mein Schatz. Wir versuchen euch zu finden. Bleibt ruhig und tut nichts unüberlegtes. Wir haben

die Polizei kontaktiert. Versucht sie hinzuhalten, wenn sie euch wegbringen wollen. Wir haben dich lieb. Mama und Mami.«

»Das war kurz, nachdem wir die Nachricht verschickt haben«, sagte Kim. »Es gibt aber noch eine neue.«

»Hallo Kim. Wir haben vermutlich das Gelände gefunden auf dem ihr seid, wissen aber nichts Genaueres. Ihr müsst euch etwas gedulden. Könnt ihr sagen von wie vielen Leuten ihr festgehalten werdet? Und wir bräuchten auch Näheres zu eurem Standort. Wir sind ganz in eurer Nähe. Macht euch keine Sorgen und haltet durch. Wir haben dich lieb. Mama und Mami. Übrigens schicken die anderen Eltern auch Grüße.«

»Wir müssen das herausfinden«, sagte Kim. »Könntest du auf die Toilette gehen, Mo, und gucken ob noch alle da sind?«

Ich nickte.

»Aber wo wir genau sind, können wir nicht herausfinden«, sagte Kim und packte das Handy weg.

Ich stand auf und ging zur Tür. Nachdem ich geklopft hatte, öffnete sich die Tür. Dana war dort.

»Brauchst du etwas?«, fragte sie.

»Ich muss auf die Toilette«, sagte ich.

Sie brachte mich. Ich sah mich um. Es waren weniger Leute als gestern Abend da.

»Wo sind denn alle?«, fragte ich.

»Ein paar sind arbeiten gegangen«, erklärte Dana.

»So früh schon?«, fragte ich. »Ist der Weg zur Arbeit so lang?«

Sie nickte. »Zur Stadt dauert es etwas.«

Wir waren bei den Toiletten angekommen.

»Braucht ihr sonst noch etwas?«, fragte sie, als ich wieder hinauskam.

Ich schüttelte den Kopf. Obwohl einige arbeiten waren, waren noch ziemlich viele da.

Ich kam zurück zu den anderen.

»Ein paar sind arbeiten gegangen, aber die meisten sind noch da«, sagte ich. »Und wir sind sind von der Stadt etwas entfernt.«

Kim nahm das Handy.

»Wir sind ein Stück von der Stadt entfernt und befinden uns alleine in einem Container in einer Lagerhalle. Gestern Abend waren es 23 Personen, aber jetzt sind ein paar Arbeiten gegangen. Bald kommen diese Leute die entscheiden was mit uns passiert. Bitte beeilt euch. Kim.«

»Ich gehe dann auch gleich auf die Toilette, um die Nachricht zu verschicken«, sagte Kim und steckte das Handy in die Tasche.

Wir spielten etwas. Nach einer Weile stand Kim auf.

»Bis gleich«, sagte ich.

Kim klopfte an der Tür und wurde daraufhin weggebracht. Es dauerte eine Weile, bis Kim wiederkam.

»Wieso hast du so lange gebraucht?«, fragte Luca.

»Ich war extra lange weg, um die Antwort zu bekommen«, erklärte Kim.

Wir lasen die Antwort.

»Danke für die Information. Wir werden euch ganz bald da raus holen. Am besten ihr bleibt da wo ihr seid und versucht zu verhindern, dass die Leute zu euch kommen. Dann seid ihr sicher wenn wir euch

retten. *Bleibt ganz ruhig. Wir werden uns bald wie-
dersehen. Mama und Mami*«

»Wie sollen wir denn verhindern, dass jemand zu uns reinkommt?«, fragte Sam.

»Wir könnten mit einem Bett die Türen verklemmen«, schlug ich vor.

Wir schafften es, die Schlaufen von einem Bett an Ösen an der Tür und an der Wand zu befestigen. So sollte es unmöglich sein, die Türen von außen zu öffnen. Wir spielten weiter, jetzt fühlten wir uns sicherer.

Plötzlich hörten wir, wie jemand versuchte, die Tür zu öffnen. Unsere Konstruktion hielt.

»Hey!«, hörten wir rufen.

Dann klopfte es an der Tür. Wir traten näher an sie heran.

»Seid ihr ok?«, fragte eine Person draußen, ich glaube es war Dana.

»Was ist los?«, fragte eine andere Stimme, ich glaube es war Jo.

»Die Tür klemmt«, sagte Dana zu ihm. Zu uns rief sie: »Bleibt ganz ruhig, das passiert öfter. Deswegen haben wir eine kleine Tür in der hinteren Wand eingebaut.«

Wir fuhren herum. Diese kleine Tür hatten wir gar nicht bemerkt.

»Schnell, wir müssen das Klappbett wieder richtig zusammenbauen«, sagte Sam leise.

Wir stellten gerade das Bett zurück an seinen Platz, als die Tür sich öffnete.

»Alles ok?«, fragte Jo durch die Tür hindurch. »Kommt raus.«

»Und jetzt?«, fragte ich.

Kim seufzte. »Gehen wir.«

Wir kletterten durch die Öffnung.

»Kommt schnell«, sagte Jo.

Wir folgten ihm.

»Wohin gehen wir?«, fragte Kim ihn.

»Nach draußen«, antwortete er. »Wir bringen euch hier weg.«

»Nein«, sagte Luca und blieb stehen.

»Schnell«, sagte die Försterin und sah sich um. »Wir bringen euch in Sicherheit, aber wir müssen uns beeilen.«

Wir liefen ihnen eilig hinterher. Draußen öffneten sie die Türen des Autos und schoben uns rein.

»Wohin gehen sie?«, fragte eine Stimme von draußen.

Die Stimme kam mir irgendwie bekannt vor.

»Ähm … wir wollten …«, stotterte Jo.

»Sie sollen wieder raus kommen!«, befahl die Stimme.

Wir kletterten raus. Draußen stand Martha Lutz und der Mann aus der Bibliothek, die Kollegen von Kims Müttern.

»Was machen Sie hier?«, fragte Kim erschrocken. »Sind Sie die Auftraggeberin?«

Die beiden lächelten.

»Wo ist der Vogel?«, fragte der Bibliotheksmann.

»Hier«, Liza gab ihnen die Transportbox.

Sie sah uns wütend an. Der Bibliotheksmann brachte die Box weg in einen Wagen. Liza trat zu uns.

»Was macht ihr noch hier?«, wisperte sie. »Ich hatte euch doch gesagt, dass ihr hinten rausgehen sollt.«

»Aber da war kein Auto«, sagte ihr Bruder.

Liza seufzte. Martha Lutz wandte sich zu uns.

»Wohin wollten Sie die Kinder bringen?«, fragte sie.

»Wir dachten, wir sollen sie zu ihnen bringen«, log Jo.

»Ich habe doch deutlich gesagt, dass wir kommen werden«, sagte sie.

»Bitte entschuldigen Sie meinen Bruder. Er hört mir manchmal nicht zu und macht dann etwas völlig Falsches«, sagte Liza.

Martha Lutz sah uns mit zusammengekniffenen Augen an. »Okay.«

Jo atmete erleichtert auf.

»Was machen Sie mit ihnen?«, fragte Liza.

»Ich? Nichts. Sie bringen die Kinder jetzt zurück in den Wald und lassen sie dort mit der Försterin zurück. Sie laufen dann dort ein bisschen herum und bringen sie heute Abend, wenn sie ausgehungert und schwächlich sind, in ein Krankenhaus«, sagte Martha Lutz.

»Was wenn ...«, begann Dana.

»Wenn Sie erzählen, was passiert ist, wird ihnen niemand glauben, sondern es für Halluzinationen oder Träume halten«, sagte Martha Lutz. »Und Sie sagen, dass sie sich verlaufen haben«, sagte sie zu Dana.

Dana nickte.

»Los!«, befahl sie.

Wir wurden ins Auto geschoben. Wir setzten uns auf die Plätze und schnallten uns an. Die anderen stiegen auch ein. Martha Lutz stieg in ihr Auto zu dem Bibliotheksmann und sie fuhren weg. Liza saß auf dem Beifahrersitz und neben ihr, am Steuer, ihr Bruder. Hinten, bei uns, saß Dana.

»Werden sie uns wirklich im Wald aussetzen?«, fragte Kim.

»Nein, natürlich nicht«, sagte Liza.

Das Auto fuhr los.

»Wohin bringen sie uns dann?«, fragte ich.

»Zu euren Eltern«, seufzte Liza.

»Echt?«, fragte Sam.

»Kriegen Sie dann nicht Ärger?«, fragte Luca.

»Ja«, sagte Liza ruhig.

Wir sahen nach draußen. Überall gab es andere Gebäude. Vielleicht waren irgendwo dort unsere Eltern.

»Sie wollen uns also zu unseren Eltern bringen, obwohl Sie wissen, dass Sie Schwierigkeiten bekommen?«, fragte Kim.

»Ja«, sagte Liza. »Es war falsch, euch mitzunehmen.«

»Wo wohnt ihr?«, fragte Jo.

»Wir fahren zuerst zum Flughafen«, entschied Liza.

»Wieso?«, fragte ihr Bruder.

»Du wirst dich zuerst in Sicherheit bringen«, sagte Liza.

»Nein«, sagte Jo aufgebracht.

»Das war keine Bitte, du wirst das machen!«, befahl Liza.

»Und du?«, fragte er.

»Ich bringe die Kinder danach nach Hause und dann werde ich sehen«, antwortete sie.

Jo schwieg eine Weile.

»Aber wir haben doch überhaupt kein Geld«, sagte er schließlich. »Ich kann nicht wegfliegen, wenn wir kein Ticket bezahlen können.«

»Ich habe das Ticket schon gekauft«, sagte sie und zog einige Blätter aus ihrer Tasche. »Und die anderen Sachen, die du brauchst, habe ich auch schon eingepackt.«

Sie zeigte auf eine kleine Tasche zu ihren Füßen.

»Ich werde dich nicht alleine lassen«, sagte Jo. »Du wirst ins Gefängnis gehen.«

»Wirklich?«, fragte Sam.

Liza nickte.

»Und wenn Sie uns nicht zurückbringen würden?«, fragte Luca.

»Dann wahrscheinlich nicht«, sagte Liza.

»Das ist sehr nett von Ihnen«, sagte Sam.

Kim drehte sich nach hinten. Ich tat es auch. Hinter uns waren einige Autos.

»Die folgen uns«, flüsterte mir Kim ins Ohr.

»Unsere Eltern?«, fragte ich fast lautlos.

Kim nickte. Ein Auto überholte uns langsam. Eine Person sah zu uns herein. Das Auto beschleunigte und fuhr direkt vor uns, dann fuhr es langsamer. Jo bremste plötzlich.

»Pass auf!«, sagte Liza.

»Sie sollten besser hier halten«, sagte Kim.

»Wieso?«, fragte Jo.

Dana sah sich beunruhigt um.

»Ich glaube, wir werden verfolgt«, sagte sie.

»Ja«, sagte ich.

»Von der Polizei?«, fragte Liza.

»Und von unseren Eltern«, sagte Kim.

»Nein«, stieß Liza wütend hervor.

»Was jetzt, Liza?«, fragte Jo.

»Wir halten am besten, aber dann kannst du nicht …«, sie schwieg.

»Ich bleibe bei dir«, sagte er.

Sie nickte. »Dann fahr langsam an den Straßenrand.«

Das tat er auch. Als wir hielten, öffnete Dana die Tür.

»Rennt schnell zu euren Eltern«, sagte Liza.

Wir schnallten uns ab und rannten los, dabei mussten wir aufpassen, denn die anderen Autos hielten auch, mit quietschenden Reifen. Wir rannten weiter. Ich entdeckte meine Eltern, die gerade aus einem Auto ausstiegen. Ich rannte zu ihnen. Sie nahmen mich in den Arm. Ich wollte sehen, was mit Liza, Jo und Dana passierte, aber ein Auto versperrte mir die Sicht.

Ich sah Purpur am Himmel kreisen.

»Sie haben Martha Lutz ausgetrickst und ihnen eine leere Transportbox gegeben«, flüsterte mir Kim ins Ohr. Luca und Sam grinsten mir zu.

Meine Eltern brachten mich nach Hause…

Einige Zeit danach gingen wir wieder mit Purpur in den Wald, aber dieses Mal kamen unsere Eltern mit. Wir picknickten auf einer Wiese und spielten danach. Kim wollte uns etwas zeigen und wir entfernten uns etwas von der Picknickdecke und von unseren Eltern. Kim zog ein Buch aus einem Rucksack hervor und zeigte es uns. Das Buch war über Rabenvögel.

»Ich glaube, ich weiß jetzt mehr oder weniger, was für eine Vogelart Purpur ist«, sagte Kim und schlug das Buch auf und zeigte auf das Bild einer Saatkrähe.

»Purpur ist also eine Saatkrähe«, sagte Luca.

Kim schüttelte den Kopf. »Purpur sieht schon ziemlich anders aus, aber die Saatkrähe ist der Vogel, der ihm am meisten ähnelt.«

»Also weißt du nicht, was für ein Vogel Purpur ist«, sagte Sam spöttisch.

»Ja«, gab Kim zu. »Aber ich glaube, dass Purpur eine Abwandlung einer Unterart der Saatkrähe ist. Und weil Martha Lutz hinter Purpur her war, nehme ich mal an, dass Purpur nicht zu einer Art gehört, die wir kennen, sondern eine Mischung oder vielleicht eine ganz neue Art ist.«

»Und was bedeutet das genau?«, fragte ich.

»Purpur ist ein ganz außergewöhnlicher Vogel«, sagte Kim.

Wir sahen in den Himmel, wo Purpur mit ausgebreiteten Flügeln entlang glitt.

Im Interview mit Olenka Bordo Benavides

Melody LaVerne Bettencourt

Ich widme meine Geschichte meinen Schwarzen/PoC Geschwistern. Für unsere geschichtliche Einschreibung von uns, mit uns und ganz besonders für meine Tochter Alma

Olenka: *Melody, wir sind beschäftigt mit dem Thema: »Wir sind Heldinnen! Unsere Geschichten«. Viel mehr ist das der Buchtitel, den die Mädchen vom SVK ihrem Buch gegeben haben. Ich habe dir ja bereits erzählt, dass sie sich von deinem Bild ›Meet God! She is Black‹ für die Entwicklung ihrer Logos haben inspirieren lassen, wie sie mir berichteten. Daher wollte ich dich fragen: Welche Bilder sind für dich wichtig und welche Bilder würden zu unserem Buch passen?*

Melody: Das Bild ›Meet God! She is Black‹ (70x50cm, Aquarell auf Papier, Melody LaVerne Bettencourt 2014) ist auf jeden Fall wichtig, das habe ich in einer wichtigen Phase meines Lebens gemalt. Das Bild habe ich geträumt und dann musste ich es einfach malen.

›Meet God! She is Black‹ (70x50cm, Aquarell auf Papier, Melody LaVerne Bettencourt 2014)

Olenka: *Was für eine wichtige Phase war das?*

Melody: Im Bezug auf black consciousness* (Schwarze Bewusstseinswerdung). Dieser Prozess hat ja zwei Seiten. Einmal die schmerzhafte Erfahrung, gewahr zu werden, dass es Rassismus gibt. Dass das nicht eingebildet ist oder nichts Individuelles ist, sondern einem System folgt. Und die schöne Seite ist, zu sich selbst zu finden und andere Schwarze[1] Menschen zu finden, die sich auch politisch auf den Weg gemacht haben. Du kannst mit ihnen in den Austausch treten und fühlst dich mit deinen Fragen nicht mehr so isoliert.

Olenka: *Hier auf dem Bild sehe ich einen großen Schwarzen Fuß mit rotem Nagellack und, im Verhältnis zum Fuß, kleine weiße[2] Männer im Gras. Die weißen Kolonisatoren, die kurz davorstehen, zertreten zu werden. Ist das als Provokation gemeint?*

---

1 Schwarz ist ein politischer Begriff für Menschen der afrikanischen Diaspora und von Menschen auf dem afrikanischen Kontinent selbst.

2 Der erste Buchstabe von weiß wird kursiv geschrieben in Anlehnung an: Jasmin Dean, Kevin Stützel (2009): *»Es muss was passieren!« Empowerment aus der Perspektive von People of Color und Kritische Reflexion von Weißsein in der politischen Bildungsarbeit.* In: Bundesarbeitskreis ARBEIT UND LEBEN DGB/VHS (Hrsg.): *Wohin mit der interkulturellen Bildung?,* S. 26–35. Weitere Schreibweisen vgl. Maureen Maisha Eggers, Grada Kilomba, Peggy Piesche, Susan Arndt (Hg.) (2005): *Mythen, Masken, Subjekte. Kritische Weißseinsforschung in Deutschland.* Münster: Unrast.

Melody: Ja genau, mit einem Augenzwinkern. Warum das Ganze nicht einfach amüsiert zertreten? Diese *weißen* Männer, die behaupten ja, dass sie die Herrscher der Welt sind und dass sie Schwarze Menschen/ People of Color (PoC)[3] unterwerfen können. Ich möchte mit diesem Bild die Machtverhältnisse umkehren. Ich wünsche mir, dass Schwarze Menschen/PoC die Weltgeschichte leichtfüßig korrigieren können.

Olenka: *Was denkst du über den Kunstbetrieb und was sind deine Erfahrungen in selbigem?*

Melody: Der Kunstbetrieb, der deutsche Kunstbetrieb, ist sehr eurozentrisch/*weiß* und für reiche Leute gemacht – und solche, die dazugehören wollen. Ich kenne auch keine zeitgenössische Schwarze deutsche bildende Künstlerin*, die sich als solche positioniert

---

3 »Als politische Plattform zielt der Begriff auf Bündnisse zwischen allen rassifizierten Menschen mit afrikanischen, asiatischen, arabischen, jüdischen, (...) [Erstbewohner_innen der Amerikas] (Auslassung und Einfügung durch die Interviewte) oder pazifischen Hintergründen. In gruppenübergreifender, interkommunaler Weise verbindet der Begriff so jene, die in *weißen* (Herv. durch Hrsg.) Dominanzgesellschaften unterdrückt und durch koloniale Tradierungen kollektiv abgewertet werden.« Vgl. Emily Ngubia Kuria (2015): *eingeschrieben. Zeichen setzen gegen Rassismus an deutschen Hochschulen,* S. 22. Berlin: w_orten & meer. Zit. nach: Kien Nghi Ha, Nicola Lauré al-Samarai & Sheila Myorekar (2007): *re/visionen: Postkoloniale Perspektiven von People of Color auf Rassismus, Kulturpolitik und Widerstand in Deutschland,* S. 17. Münster: Unrast. »PoC ist eine Selbstbeschreibung aus einem Dekolonialen Verständnis heraus, ungleich des rassistischen Begriffs ›Farbige‹«, ebd.

und die kanonisiert ist. Es gibt also derzeit keine Repräsentation. Ob ich jetzt als Schwarze Künstlerin in Opposition gehe oder womöglich die exotisierenden Vorstellungen des weißen Kunstbetriebes füttere: Ich diene der Unterhaltung und werde konsumiert – das ist nichts für mich. Daher mache ich in erster Linie Kunst für Menschen wie dich und mich. Schwarze Menschen und PoC. Deswegen stelle ich am liebsten in Schwarzen oder PoC Kontexten aus. Weil ich dort üben kann, mich außerhalb des *weißen* Blickes neu zu denken.

Olenka: *Wie hängt das zusammen mit unserer Geschichte des Widerstands?*

Melody: Wir wachsen ja alle so auf, es scheint ja alles so, wie es ist, normal zu sein. Die Geschichtsschreibung ist eben so, wie sie ist. Es baut alles aufeinander auf. Selbst wenn ich auf Kap Verde bin, erlebe ich, dass sich auch dort an Europa orientiert wird.

Klar, wir hatten Widerstandskämpferinnen wie Titina Silla[4], Nah Balila[5] und Amílcar Cabral[6]. Es gab überall in afrikanischen Ländern die Jahre der Dekolonisation, aber leider wurden die meisten Widerstandskämpferinnen* umgebracht. Deswegen konnte die Dekolonisation auf dem Kontinent auch bis heute nicht abgeschlossen werden. Ob wir zur afrikanischen Diaspora weltweit gehören oder auf dem Kontinent leben, die Dekolonisation ist immer noch im Prozess. Ich wusste immer, ich bin kapverdisch und ich bin deutsch und hier aufgewachsen. Aber bis es dazu gekommen ist, dass ich mir bewusst war, wie wichtig es ist, sich politisch zu positionieren – das ist einfach ein langer Weg gewesen. Dieser Weg wird dir nicht empfohlen, sondern es wird dir vermittelt, dich anzupassen und dankbar zu sein und aufzugehen in der *weißen* Ordnung – deine Rolle der Exotisierten anzunehmen. Und

---

4 Anführerin der Guerrillakämpferinnen im Ringen um die Unabhängigkeit für Guinea und Cabo Verde. Ermordet durch portugiesisches Militär auf dem Weg zu Amílcar Cabrals Beerdigung am 30. Januar 1973. Einige öffentliche Plätze und Schulen in Cabo Verde und Guinea sind in Gedenken an sie nach ihr benannt.

5 Von Nah Balilas Geschichte habe ich durch mündliche Überlieferungen und ein persönliches Treffen erfahren.

6 Vgl. Tandis (2014): *Amílcar Cabral, Guinea-Bissau/Kap Verde. Die Hoffnung des kleinen Mannes.* In: Moustapha Diallo (Hg.) (2014): *Visionäre Afrikas. Der Kontinent in ungewöhnlichen Porträts.* S. 294. Wuppertal: Peter Hammer Verlag.

so verstehe ich Audre Lorde, wenn sie sagt: »We were never meant to survive.«[7] Dass wir uns während unseres künstlerischen Schaffens und darüber hinaus immer vor Augen halten, dass es nicht nur um das physische Überleben von Schwarzen Menschen und PoC geht, sondern auch um das geistige.

Olenka: *Um noch mal auf den Titel des Bildes zu sprechen zu kommen, »Meet God! She is black«: Wieso dieser Titel?*

Melody: Meine black consciousness begann mit dem Buch ›Farbe bekennen‹[8]. Davor war ich zwar schon auf der Suche, aber ich kam nicht so richtig voran. Aber mit diesem Buch und mit dem Wissen, dass es da eine Schwarze feministische Gruppe wie Adefra[9] gab, das war für mich unglaublich kraftvoll. Ich musste auch an den Text von Sojourner Truth denken »Ain't I a woman?«, wenn sie sagt: »Wo kommt Christus her?

---

7 Dokumentarfilm »A Litany for Survival: The Life and Work of Audre Lorde« (1995) Regie: Ada Gay Griffin.

8 Katharina Oguntoye, May Opitz, Dagmar Schultz (Hrsg.): *Farbe bekennen. Afro-deutsche Frauen auf den Spuren ihrer Geschichte.* Orlanda Verlag 1986.

9 ADEFRA e. V. (zunächst Schwarze Deutsche Frauen, später Schwarze Frauen in Deutschland) gründete sich Mitte der 1980er Jahre und gilt als einer der ersten Zusammenschlüsse von Schwarzen Deutschen in der Nachkriegszeit. Das Kürzel ADEFRA steht für afrodeutsche Frauen.

Von Gott und einer Frau! Ein Mann hatte damit nichts damit zu tun.«[10]

Olenka: *Was bedeutet für dich das politische Wort ›Schwarz‹?*

Melody: Es bedeutet, mich in einem größeren Zusammenhang zu sehen. Also in einem Schwarzen Kollektiv. Als Kind wurde mir klar, dass ich nicht *weiß* sein konnte, weil meine Mutter ja Schwarz war. Gleichzeitig wurde mir – wenn ich alleine unterwegs war – von der Außenwelt suggeriert, dass diese mich nicht einsortieren kann. Im Rückblick ist für mich diese Frage »Wo kommst du eigentlich her?« eine Aufforderung an mich gewesen, mich zu positionieren. Ich bin eine sehr helle Schwarze Frau mit leicht gewelltem Haar. Mir wurden immer Zuschreibungen gemacht, was ich alles sein könne, nur nicht deutsch. Neulich hat eine Apothekerin direkt gesagt, sie möchte gerne wissen, wo ich herkomme, weil sie könne mich nicht rassifizieren. Und ich meine, das hat sie nicht 1943 gesagt, das hat sie jetzt gesagt! Also wenn ich sage, »Ich bin

---

10 Vgl. Susan Arndt (2012): *Die 101 wichtigsten Fragen - Rassismus*, S. 132. München: C.H.Beck.

Schwarz!«, dann ist das wie »Stopp! Ich weiß, was hier gerade passiert!« Es gibt auch Situationen, in denen ich auf die Frage gar nicht antworte, weil ich mich in sinnlose Diskussionen verstricken würde. Was für mich wichtig ist, ist für mich da zu sein und für meine Geschwister da zu sein und nicht immer in Verteidigung gehen zu müssen. Immer in Aktion gegenüber dem *weißen* Mainstream. Ich weiß, in Deutschland wird immer behauptet, die Gruppe der Schwarzen in Deutschland sei zu klein, deswegen würden sie nicht als Gruppe anerkannt. Aber für mich gibt es keine »zu kleinen Gruppen« und ich bezweifle, dass die Schwarze Community in Deutschland eine kleinere Gruppe ist als jetzt beispielsweise die Sinti und Roma Community. Aber meistens fehlen mir für all das die Worte, sodass ich froh bin, dass ich Bilder machen kann.

Olenka: *Kannst du mir noch eines von deinen Bildern zeigen, welches sich mit Selbst-Positionierung beschäftigt?*

›Ritual for the mask‹ (70x50 cm, Aquarell auf Papier, Melody LaVerne Bettencourt 2014)

Melody: Ja, ›Ritual for the mask‹ (70x50 cm, Aquarell auf Papier, Melody LaVerne Bettencourt 2014). Da habe ich über das Buch mit dem Titel ›Schwarze Haut, weiße Masken‹ von Frantz Fanon[11] nachgedacht und mir dazu Reklamebilder aus der deutschen Kolonialzeit angeschaut. Dann habe ich mir aus diesen Bildern eine weibliche Figur ausgesucht und mir überlegt: Wie kann ich diese Schwarze Frau empowern? Ich habe sie mit meinen malerischen Mitteln aus dieser Szene, wie sie den *Weißen* bedient, herausgelöst und sie in meinem Bild ein Ritual abhalten lassen, für das Ablegen der weißen Maske.

Olenka: *Und deine aktuelleren Bilder sind Monotypien (Drucktechnik), wie bist du da vorgegangen?*

Melody: Ich habe verschiedene Schablonen angefertigt, bestehend aus Silhouetten und Symbolen, die ich mit verschiedenen Farbschichten auf die Blätter drucke. Dabei passieren schöne Überlagerungen. Einige Formen kommen scharfkantig zur Geltung, andere wiederum

---

11 Frantz Fanon (1980): *Schwarze Haut, weiße Masken.* Übersetzt von Eva Moldenhauer. Frankfurt/Main: Syndikat.

›Ohne Titel‹ (24x31cm, Acryl, Monotypie auf Papier 2017)

verschwinden fast und scheinen wie transparent durch. Unter meinen Schablonen ist auch der Sankofa-Vogel von den Adinkra. Das ist eine westafrikanische Symbolsprache der Ashanti und sie ist heute noch in Ghana lebendig. Ich mag besonders die Figur des Sankofa-Vogels. Seine Bedeutung ist: »Wenn du in die Vergangenheit siehst, erkennst du die Zukunft«. Viele Schwarze antirassistische Bewegungen weltweit benutzen Vögel als Symbol für Widerstand und Erinnerung. Und so berührt auch mich diese Figur des Vogels. Aber ich male auch ganz aktuell immer wieder Aquarelle wie zum Beispiel das ›We come in Many Shades‹. (30x40cm, Aquarell auf Papier, Melody LaVerne Bettencourt 2016).[12] Wie der Titel schon sagt, zeige ich damit auf, dass Schwarze Menschen divers sind und mit verschiedenen Hauttönen und unterschiedlicher Haarstruktur ausgestattet sind – und wir gehören einer Gruppe an, der Gruppe der Schwarzen. Das ist sehr wichtig für mich zu unterstreichen, da unsere Unterschiedlichkeit oft benutzt wird, um Schwarze untereinander und gegeneinander in dem Teile-und-Herrsche-System auszuspielen.

---

12 Dieses und weitere Werke findet ihr hier: www.melodylavernebettencourt.com.

Olenka: *Um noch mal auf das Thema unseres Buches zurück zu kommen: Ich frage mich, was brauchst du, um deine eigene Geschichte zu erzählen? Du machst es ja in Form von Bildern. Ja, was brauchst du dafür, dass du deine Bilder machen kannst?*

Melody: Ich brauche Zeit. Das ist als alleinerziehende Mutter nicht immer so ganz einfach, sich die Zeit für sich zu nehmen. Dann brauche ich die Materialien. Und keine Angst davor, dass ich schon wieder aufräumen muss – eigentlich ganz banal. Und auch einfach loslassen können und mir selbst vertrauen. Jedes Mal ein neues Bild zu machen, ist auch eine sehr gute Übung mir selbst zu vertrauen. Sich selbst zu vertrauen, ist ja nicht gerade das, was uns nahegelegt wird, wenn wir diese Welt durchlaufen. Zum Beispiel: Ich will Schwarz sein, weil ich Schwarz bin. Ich will eine Feministin sein, weil ich eine Frau bin. Sprich, ich gehöre nicht zur Norm und begehre mein Aufbegehren. Ich bin immer wieder fassungslos, wenn so Sprüche kommen à la: »Ja, aber wir sind doch hier in Deutschland, hier ist doch alles gut. Und du kannst doch froh sein, dass du hier geboren und aufgewachsen bist.«

Also wann immer ich es schaffe, meine Bilder zu machen und mir selbst zu vertrauen, dann bin ich immer sehr glücklich.

Olenka: *Und wenn du zurückblickst, was hättest du dir gewünscht? Was hätte dir deinen Weg ebener gemacht, um die Sachen zu machen, die du machen wolltest und deine Geschichte(n) zu erzählen? Im Sinne des jungen Mädchens, das du einmal warst.*

Melody: Ich hätte auch gerne so eine Gruppe wie diese hier gehabt, in welche ich als Mädchen einmal die Woche hätte gehen können, um andere Schwarze Mädchen und Mädchen of Color zu treffen: Weil, wir können das System nur ändern, indem wir uns eigene Räume schaffen. Wir müssen uns darin ausprobieren und all das, was da passiert, für uns mitnehmen. Momente wie »so fühlt es sich an, die zu sein, die ich bin« oder »hier kann ich mich trauen, Dinge zu fragen«. Dinge, die jetzt beispielsweise in der Institution Schule nicht möglich sind zu fragen. Und »wow, in diesem Raum bin ich die Mehrheit – Ich bin viele!«. Ich denke, das sind sehr stärkende Erfahrungen, die wir dann mit hinaus nehmen in die Welt und in den Alltag. Deshalb möchte ich dir, Olenka, auch für deine Freundschaft und dein Vertrauen danken, dass du mich in dieses Projekt hineingeholt hast. Ich möchte mich an dieser Stelle auch besonders bei den Mädchen bedanken: Ich danke euch, für eure Direktheit, euren Mut, eure fantastische Art, Lösungen zu finden und die Dinge voranzutreiben. Für eure Zuneigung und für den Spaß und die Freude, die wir miteinander geteilt haben. Es macht mich sehr glücklich zu wissen, dass ihr euch gegenseitig habt. Außerdem ist dieses Buch nicht das Ende, sondern es markiert einen Abschnitt von eurem Prozess als Gruppe. Für mich seid ihr Heldinnen, weil ihr diese Gruppe gegründet habt. Eine Gruppe, nach der ich mich als Mädchen immer gesehnt habe und bei der ich nun als Frau dabei sein durfte. Danke!

Olenka: *Vielen Dank Melody!*
Melody: Ich danke dir auch für das anregende Gespräch.

Jetzt schreibe ich!

Pasquale Virginie Rotter

Warum Schreiben und Lesen mich gerettet hat, und was es mir bedeutet.

Schreiben und Lesen ist mysteriös.

Schreiben hat mich gerettet. Als Kind und Jugendliche hatte ich eine innige Brieffreundschaft mit einer Freundin. Doch die Brieffreundschaft war etwas ungewöhnlich. So haben wir zum Beispiel unsere Briefe durchnummeriert, damit wir wissen, wann wir die Hundert erreichen. Oder – als uns die Themen ausgingen – begannen wir uns gegenseitig durchnummerierte Fragen zu stellen. Blöd war dann nur, dass sie dazu überging, nicht noch einmal die Frage zu wiederholen, sondern nur die Nummer anzugeben und ich mich nicht mehr erinnern konnte, welche Fragen ich ihr überhaupt gestellt hatte und wie sie nummeriert waren. Die Antwort sah dann mysteriöserweise so aus: »7) Nein, gar nicht.«, und ich blieb etwas ratlos zurück. Doch das wirklich Besondere an dieser Brieffreundin war, dass sie erstens in dieselbe Klasse ging wie ich und zweitens gleich ums Eck wohnte. Für meine Mutter war diese Brieffreundschaft auch ein einziges Mysterium. Für den Briefträger vermutlich auch. Was meine Mutter betrifft, fand ich das sogar richtig gut. Die Brieffreundschaft war etwas, was sie nicht kontrollieren konnte – was sie sonst bei vielen Dingen, die mich betrafen, versuchte – und wovon sie mich auch unter keinen Umständen abbringen konnte – was sie auch oft versuchte. Was den Briefträger betraf, stellte ich mir immer vor, dass er beim Einwerfen unserer Briefe kichern musste. Es war für uns Brieffreundinnen außerdem Tabu, in der Schule darüber zu sprechen. Wir waren in unserer Klasse zwar in der selben Clique, hatten jedoch jeweils eine andere »beste Freundin«. Manchmal vergaß ich sogar, dass diese Birgit aus meiner Clique die gleiche Birgit ist, die auch meine Brieffreundin ist ... Es war also auch für uns irgendwie ein Mysterium. Vor ein paar Jahren hat sie mir meine Briefe an sie gegeben (wir sind übrigens weit über die Hundert gekommen), weil ich sie darum bat. Ich hoffte, mich, meine mir nur lückenhaft in Erinnerung gebliebene Kindheit, mich selbst als Kind und Jugendliche wieder_zu_erkennen. Von dem Nachmittag, als ich die Briefe nach Jahren durchlas, ist mir ein Moment in Erinnerung geblieben: Sie hatte mich gefragt, ob ich eigentlich mal heiraten möchte. Ich meinte, eigentlich schon, ja. Doch dass ich mir nicht sicher sei, ob ich überhaupt jemanden finden würde, weil ich ja so braun sei. Ich müsste nochmal auf das genaue Datum schauen, um herauszufinden, wie alt ich da war. Ich weiß nur, dass ich die Briefe seitdem weggelegt und nie wieder reingeschaut habe. Das, was ich erkannte, hat mich geschmerzt.

Schreiben und Lesen ist schmerzvoll.

Außerdem schrieb ich leidenschaftlich Tagebücher. Soweit ich mich erinnern kann, schrieb ich darüber, in wen ich gerade unsterblich verliebt bin, was die Person gemacht oder gesagt hat und warum sie das gemacht hat. Ich war schon als Kind Meisterin der fundierten Küchenpsychologie, oder anders gesagt: Empathiefähigkeit. Mit der Beschreibung des »Warum?« konnte ich Seiten verbringen. Auch hier bleibt einiges im Rückblick mysteriös. Nämlich dann, wenn ich die Namen abkürzte und dann da steht: »Ich glaube F. ist in Wirklichkeit voll unsicher.« und ich heute ein Königinnenreich dafür gäbe, zu wissen, wen ich da so haarscharf analysiert habe. Doch ich vermute, ich schaue nicht nur deshalb so ungern in meine alten Tagebücher, weil ich »einfach keine Zeit« habe, es mir wirklich schwer fällt meine Schrift zu entziffern oder die unaufgelösten Abkürzungen mich mitunter nerven, sondern auch weil ich Angst vor den Schmerzen habe, die mir begegnen könnten. Die Schmerzen der im Teenageralter immer mehr werdenen Zeilen, wo es nicht um die Abgründe der anderen ging, sondern um meine eigenen. Abgründe, die einfach in mir waren, oder auch die, die sich erst auftaten, wenn ich mich an den Anforderungen der Umwelt abarbeitete – oder sie sich an mir. Gerade in diesem Moment vermute ich, dass ein Wieder_lesen ein weiterer Schritt in eine weitere Phase der Heilung und Bewältigung wäre. Wenn ich daran denke, wie viele Menschen ihr Leben riskiert haben und dies immer noch tun, um zu schreiben, was sie wollen, und zu lesen, was sie wollen …

Schreiben und Lesen ist heilsam.

Ich schätze mich sehr glücklich darüber, dass es eine Person in der Schule gab, die mir regelmäßig lobende Rückmeldungen zu meinen Texten gab und mich immer wieder ermunterte, *unbedingt* weiterzuschreiben. Das war meine Deutschlehrerin, Frau Kraker, und wenn wir sie gerade blöd fanden, nannten wir sie »Krake«. Sie war immer recht begeistert von meinen Aufsätzen und ich hatte den Eindruck, ihre Notizen am Rande waren richtig durchdacht. Sie war es auch, die mir später den Floh ins Ohr setzte, ich könne Journalistin werden. Das war ein schönes Gefühl. Denn, wenn du dich selbst nicht mehr siehst, fühlt es sich gut an, wenn eine Person, die dir etwas bedeutet, *etwas in dir sieht* oder dich als etwas sieht. Als Journalistin zum Beispiel, wobei ich mir damals – ohne die Worte zu kennen – investigativen Journalismus sowie das Schreiben von Hintergrundreportagen und umfassenden Portraits von tollen Menschen darunter vorstellte. Wie auch immer, ich wurde bis jetzt keine Journalistin und werde Frau Kraker trotzdem nie vergessen.

Schreiben und Lesen ist mutig.

Irgendwann mit Anfang 20 habe ich mit dem Tagebuch-Schreiben aufgehört und die bunten Bücher feinsäuberlich in mein Bücherregal einsortiert. Teilweise versiegelt mit Schleifen, als hätte ich damals schon gewusst, dass ich lange nicht hineinschauen würde. Sie stehen dort – nach einigen Umzügen – auch heute noch, feinsäuberlich verstaut. Die Briefe liegen ebenso feinsäuberlich zusammengeschnürt in einer Box. Heute reizt es mich manchmal noch, aber wie gesagt ... die Angst. Doch heute las ich: Angst klopfte an die Tür, Vertrauen öffnete sie, Nichts war draußen. Gerade in diesem Moment ist meine Vermutung, dass sowohl meine Tagebücher als auch meine Briefe an Birgit voll sind von schillernden Träumen, großartigen Ideen und klaren Wünschen, wie ich mir mich und die Welt vorstelle. So wie die Geschichten von Alma, Cata, Cielo, Dulce, Fiona, Leoní, Marimar, Yana, Yara und Yolanda.

SVK

Selbstverteidigungskurs mit Worten: Gemeinsam sein und sich gegenseitig empowern (eine dekoloniale Praxis)

Olenka Nadia Bordo Benavides

Für Dich. An die fantastischen Menschen des SVK.
Und für meine Familie hier und da!

Oft sind Yana, Leoní, Yolanda und ich in den Ferien zusammen und unterhalten uns über viele Sachen, lustige und interessante oder auch traurige und spannende. An einem Nachmittag saßen wir gemeinsam im Wohnzimmer und wir sprachen darüber, wie es ist, ungerecht behandelt zu werden, in einer Gesellschaft, die Menschen ständig direkt und indirekt, subtil und offensichtlich in Gruppen einteilt, also kategorisiert. Natürlich benutzten wir andere Worte dafür und wir erzählten noch viel mehr über unsere Erfahrungen und Erkenntnisse daraus. Wir weinten und lachten, waren gemeinsam wütend und traurig, wir sprachen uns Mut zu und erklärten uns, was wir erlebten oder wie wir bestimmte Situationen erlebten. Wir stellten fest, dass wir unterschiedliche Perspektiven auf die Dinge haben, die wir erzählten, weil wir einfach – auch wenn wir uns sehr ähneln – unterschiedliche Persönlichkeiten sind.

Diese Sommerferien in Berlin waren deswegen besonders, weil wir uns dazu verabredeten, uns gemeinsam Strategien zu überlegen, zu teilen und über unsere Gefühle und Erlebnisse zu erzählen. Wir wollten uns gemeinsam stärken und verteidigen. Ich bot ihnen an – falls sie oder ihre Freund_innen Bedarf hätten – sie beim Thema Diskriminierung und Rassismuskritik zu unterstützen. Sie wussten, ich arbeite als Teamerin zu diesem Thema.

Es war eine schöne Zeit, wie Sommerferien einfach schön sein können.

Die Schule fing an. Eines Tages holte ich Yana von der Schule ab, sie kam mit ihrer Freundin Dulce und sagte zu mir: »Wir müssen mit dir reden«. »Okay«, sagte ich. Sie fragten mich, ob ich sie begleiten könnte, sie würden in der Schule viel Stress haben. Ich verstand nicht, was sie meinten. Yana sagte zu mir, ich hätte ihr versprochen, sie zu unterstützen und jetzt würden sie diese Unterstützung brauchen. Stimmt, ich erinnerte mich und wusste nun, worum es ging.

Ich sagte ihnen, ich muss schauen, ich habe nicht so viel Zeit aber ich werde es bestimmt schaffen mir etwas Zeit zu nehmen.

Und so verging Woche für Woche, ich hatte noch einen vollen Terminkalender und immer wieder fragten sie mich, ob ich mir nun (endlich) Zeit frei gemacht hätte. Es war eine arbeitsintensive Zeit, ich hatte viele Aufträge und wusste nicht, wann und wie ich das schaffen könnte.

Sie hatten ganz eindeutig gesagt, dass sie sich regelmäßige Treffen wünschten, um über ihre Themen zu sprechen und dass es für sie sehr wichtig sei. Sie ließen zum Glück nicht locker und ich hatte es nach einigen Monaten geschafft, mich mit ihnen zu treffen, mit mehr Zeit.

Eine Einladung kam reingeflattert, es ging um ein Projekt. Es ging um ein Projekt von der wunderbaren Pasquale Virginie Rotter: »Jetzt schreibe ich!«, es ging um eine »Schreib- und Zeichenwerkstatt für Mädchen zwischen 6 und 9 Jahren, die in Deutschland Diskriminierung aufgrund der ethnischen Herkunft, der Religion, der Hautfarbe oder der Sprache erfahren«, in der ein Buch entstehen sollte. Wow! Dachte ich mir, ja, ich mache gerne mit.

Ich gab diese Information an Dulce und Yana weiter. Denn parallel wurden Mädchen eingeladen, die beim Projekt mitmachen wollten, um gemeinsam diese großartige Projektidee umsetzen zu können.

Es gab ein Treffen mit Pasquale, mit meiner Freundin und Kollegin Melody und mit mir. Ja! Das ist eine gute Idee!

Es wurden Mädchen eingeladen, Yana und Dulce mit einigen Freund_innen meldeten sich auch an. Als Auftakt diente ein Workshop: »Empowerment & Kunstworkshop für Mädchen of Color / Schwarze Deutsche und Mädchen mit Migrationsgeschichte von ca. 5–15 Jahren«. Melody LaVerne Bettencourt, die auch eine begabte bildende Künstlerin ist, war die künstlerische Begleitung, während ich die Thematik Medien und Repräsentationen mitgestaltete.

Ich als Pädagogin und Mutter war recht enthusiastisch und fühlte mich auf verschiedenen Ebenen geehrt, an all dem teilnehmen zu dürfen ...

Wir trafen uns also beim Workshop, um uns kennenzulernen und Wichtiges zu thematisieren, und das haben wir beim Malen und Bücher Anschauen getan. Es hatten sich viele Mädchen angemeldet, dabei waren auch Dulce und Yana und einige Freundinnen von ihnen aus der Schule und interessierte Mädchen aus anderen Schulen und Bezirken. Wir sprachen über unsere Namen, über Kunst und Kunsttechniken, über Musik, über Acrylfarben und Malkreide, über Bücher, über Mehrsprachigkeit. Wir tauschten uns darüber aus, wie wir genannt werden wollen oder wie wir nicht genannt werden wollen, auch darüber, dass wir uns manchmal in einigen Büchern nicht wiederfinden können, etwa in den Bildern. Wir erzählten uns, welche Farben wir mögen, welche Musik uns jeweils gefällt, wir redeten über Hauttonstifte, über Papier, über Haartrockner. Wir kochten und aßen zusammen, wir hatten Spaß.

Wir besprachen auch, dass die Möglichkeit besteht, sich kontinuierlich zu treffen und gemeinsam ein Buch zu schreiben. Wir verabredeten, dass, wer Interesse habe, sich dann bei uns melden könne.

Wir trafen uns wieder, es hatten sich einige Mädchen gemeldet. Da einige der Mädchen gemeinsam zur Schule gingen, hatten sie vieles bereits besprochen. Ort und Zeit hatten wir im Voraus verabredet. Also trafen wir uns und die Mädchen stellten ihre Ideen vor. Ich solle dazu mit ihren Eltern sprechen und erklären was sie, nein, was wir vorhatten.

Sie bezeichneten unsere Treffen bald als »Selbstverteidigungskurs mit Worten«. Als Gruppe nannten sie sich: SVK.

Die Mädchen verabredeten ihre Themen, bei jedem Treffen berichteten sie über ihre Erfahrungen in der Schule, in der Straßenbahn, mit anderen Kindern und mit Erwachsenen. Sie erzählten über ihre Erlebnisse und beschrieben Situationen, in denen sie sich nicht wohlgefühlt hatten, oder in denen sie sich einsam fühlten. Es zeigte sich, dass alle Mädchen sich als Berlinerinnen definierten.

Sie entschieden sich dafür, dass in der Gruppe nur Mädchen sein sollten, die bestimmte Erfahrungen erleben. Wir stellten ebenso im Laufe der Zeit fest, dass die Mädchen nach der Schule sehr hungrig waren. Also entschieden wir, gemeinsam zu essen. Auch war es wichtig, dass das Essen bereits fertig sein sollte, wenn sie von der Schule kamen, bzw. dass wir gemeinsam etwas Einfaches kochen.

Die Mädchen hatten und haben immer viel zu erzählen, Melody und ich ja auch. Sie erzählten darüber, wie Erwachsene in der Schule oder in der Straßenbahn sie oft schlecht oder ungerecht behandelten, wie sie sich gerne mit Worten hätten verteidigen wollen und sie berichteten darüber, dass sie oft nach solchen Situationen dastehen, ohnmächtig, ohne ein Wort sagen zu können.

Ich kannte das auch, ich kannte das auch aus der Erinnerung als Kind, als Mädchen und auch als erwachsene Frau. Ich bin so froh, und das immer wieder, dass ich diese fantastischen und starken Mädchen bei der Entwicklung von Selbstverteidigungsstrategien begleiten darf.

Für mich waren einige Sachen sehr wichtig, zum Beispiel, dass die Mädchen sich gegenseitig wertschätzen und solidarisch miteinander handeln. Mir war ebenso wichtig, dass in der Gruppe Mädchen verschiedenen Alters sind. Mir war wichtig, dass die Mädchen möglichst selbstständig und autonom agieren, das heißt, sich organisieren, zum Beispiel, um selbstständig zum Treffpunkt zu gehen. Ich bot an, bei Bedarf mit den Erwachsenen zu sprechen, zum Beispiel mit den Eltern.

Und was hat das alles mit einer dekolonialen Praxis zu tun? Nach meiner Erfahrung geht Dekolonialisierung, also das Sich-Frei-Machen von gelernten und internalisierten, machtunkritischen und kolonialen Strukturen, vom einzelnen Menschen aus und denkt die persönliche Handlungsmacht von Akteur_innen, also Menschen, mit.

Eine dekoloniale Praxis ist bemüht, Rangordnungen zu dekonstruieren, sodass alle Subjekte als Handelnde und Wissende anerkannt werden, unabhängig von ihren Identitätsmerkmalen wie Aussehen, BeHinderung, ethnischer Zugehörigkeit, geografischer Herkunft, geschlechtlicher Identität, sozioökonomischer Herkunft, Religion, Lebensalter, Sexualität, Sprache(n) etc.

Die dekoloniale Praxis lädt (pädagogisch) Handelnde dazu ein, zunächst sich selbst und die eigene (pädagogische) Praxis zu betrachten, und mit dem Gegenüber, zum Beispiel jungen Menschen und Kolleg_innen, zusammen zu agieren.

Doch zurück dazu, wie es bei uns weiterging. Wir waren uns bald einig, dass sich unsere gemeinsame Zeit nach den aktuellen und manchmal akuten Erlebnissen der Mädchen richten sollte. Also orientierten sich unsere Treffen an den jeweils aktuellen Prozessen der Gruppe, der Mädchen und meinen Eigenen. Die Mädchen haben sich dafür entschieden, dass wir als Erwachsene (Melody und ich), uns nicht in der Schule »einmischen« sollten. Zum einen wollen sie ihre Sachen selber regeln, zum anderen haben sie Angst vor Repressalien seitens der Erwachsenen dort. Das müssen wir respektieren, auch wenn uns das sehr schwer fällt.

Wir hatten ja das Vorhaben, ein Buch – das vorliegende Buch – zu schreiben. Auch diesen Prozess fand ich unglaublich spannend. Die Mädchen hatten entschieden, eigene Geschichten zu erzählen. Dafür gab es eine Schreibwerkstatt mit der brillanten Autorin und Aktivistin Sharon Dodua Otoo, sie motivierte und übte mit den Mädchen das Schreiben und die Mädchen gingen die Sache enthusiastisch an. Sie wurden durch die Begegnung mit Sharon nachwirkend sehr gestärkt, wie ich ja auch.

Von Sharon lernten wir, unter anderem, dass es für uns Autor_innen wichtig ist, zu recherchieren, vorsichtig und achtsam zu schreiben, damit unsere Geschichten nicht auf unserem „Alltagswissen" und unseren Vorurteilen basieren.

Die Mädchen nahmen dieses Wissen in ihren Schreibprozess auf: Wir recherchierten, interviewten, schauten uns Filme an und lasen nach, um die Geschichten zu entwickeln.

Das ist auch Basis für unsere Prozessbegleitung, denn auch wenn wir versuchen kritisch zu agieren, zu formulieren, zu schreiben, begleiten uns bei der

Beschreibung von Situationen und Personen interna-
lisierte Bilder und Vorurteile, die geanderte Personen
kategorisieren und verletzen. Erfahrungen, die viele
von uns selbst erleben.

Es mussten außerdem sehr viele Entscheidungen
getroffen werden, wir brauchten viel Zeit dafür, da wir
uns jedes Mal, einzeln und als Gruppe, in aufregende
Prozesse begaben: Entscheidungen für das Deckblatt
oder den Titel des Buches, die Herausgeber_innen-
schaft, die Fotoauswahl, etc. Die Fotodokumentation
des Projekts wurde übrigens von der fantastischen Fo-
tografin und Visual-Aktivistin Deborah Moses-Sanks
übernommen, die Begegnungen mit Deborah waren
auch sehr empowernd.

Die Entscheidungsprozesse, in die wir uns begeben
hatten, hatten viel mit Kollektivität, Gemeinschaft, Empowerment, Empathie Aushalten-Können und Geduld
zu tun. Sie hatten mit uns zu tun und mit unseren eigenen Erfahrungen und aktuellen Befindlichkeiten. Zum
Beispiel beschäftigten wir uns lange mit dem Titel des
Buches und diskutierten immer wieder darüber. Die
Mädchen waren sehr konzentriert und konsensuell,

wohlwollend und empathisch dabei. Wenn zum Beispiel eine Entscheidung getroffen wurde, bei der einzelne Mädchen sich mit ihren Ideen nicht wertgeschätzt oder mitgenommen fühlten, wurde bald entschieden, dass deren Vorschläge für die nächste Entscheidung mehr Raum einnehmen sollten. Diese Auseinandersetzungen und Aushandlungen meisterten die Mädchen selbstbewusst, kompetent und wissend. Als die Fotos ausgesucht wurden, war es ihnen wichtig, dass alle, die darauf abgebildet waren, sich wohl damit fühlten; als die Reihenfolge der Geschichten dran war, entschieden sie, dass die Reihenfolge nach Lebensalter zu erfolgen hat. Das sei die bessere Lösung, denn oft würden die jüngeren Mädchen nicht zu Wort kommen.

Sie thematisierten das alles mit einem Wissen, einer Klarheit und Präzision, die mich jedes Mal überrascht hat und weiter motivierte, sie zu begleiten. Und ich muss ehrlich sein: Ich bewundere sie.

Ich bewundere sie dafür, wie sie sich zusammen tun, wie sie ihre Geschichten und Ideen vorstellen, wie sie gemeinsam über Verteidigungsstrategien nachdenken, wie sie sich gegenseitig empowern und Kraft geben.

Ich bin beglückt darüber, dass sie mich oft wach rütteln, dass sie mich mitnehmen und mitdenken, und dass sie miteinander einen Ort für sich – für uns – mitschaffen und dass sie mich auch dadurch empowern.

Ich bin beeindruckt davon, wie sie ihre durchdachten Anregungen teilen.

Ich bewundere sie dafür, dass sie freitags, nach einer anstrengenden Schulwoche und trotz ihrer Erschöpfung, sich voller Energie und Elan mit ihren Ideen, Gefühlen und Erkenntnissen aktiv einbringen.

Und sehr oft bin ich traurig und wütend, dass diese jungen Menschen mit ihren Stärken und wunderbaren Persönlichkeiten Sachen erleben, die sie »fertig« machen, die sie »stressen«.

Es enttäuscht mich, dass sie nicht respektvoll, achtsam und wertschätzend behandelt werden.

Es bedrückt mich sehr, dass sie oft Rassismus und Diskriminierung erfahren müssen, dass sie aufgrund von Vorurteilen und Stereotypisierungen, zum Beispiel in der Schule oder auf der Straße, alltäglich etikettiert werden.

Es macht mich nachdenklich, dass sie etwas erfahren, was ich kenne. Gleichzeitig, weiß ich, dass wir es gemeinsam schaffen über Strategien nachzudenken, die uns aufrichten und stabilisieren: Sie sind Heldinnen!

Ich musste lernen, meine Erwartungen und Ideen entsprechend zu hinterfragen.

Ich lernte, dass ich oft eine sehr eingeschränkte Herangehensweise als Erwachsene, Pädagogin und Mutter habe. Ich musste sehr oft darüber nachdenken, dass ich als erwachsene Person eine dominante und machtvollere Position als die Mädchen habe, wenn ich etwa versuchte, Sachen zu bestimmen.

Ich musste lernen, mit direkter Kritik von jungen Menschen so umzugehen, dass ich zuerst einmal tief einatme und erst mal zuhöre, was mir vermittelt wird. Das muss ich noch ordentlich üben.

Ich musste lernen, meine Stimme nicht gegen sie zu erheben, sondern sie mit ihnen zu erheben.

Ich habe gelernt, dass es wichtig ist, sich miteinander auseinanderzusetzen, dass Streiten wichtig ist und wichtiger noch darüber zu sprechen, was und wo etwas vielleicht wehgetan hat.

Ich durfte lernen, dass es Momente gibt, in denen ich erschöpft bin, und ich das einfach den Mädchen mitteilen kann und muss.

Ich habe gelernt, dass es wichtig ist, sich über Regeln und respektvolles Miteinander auszutauschen.

Ich durfte lernen, meine Entscheidungen transparenter zu machen und lernte dabei auch, dass es nicht immer möglich ist, das zu tun.

Ich lernte, dass sich gegenseitig Rückmeldung zu geben, in Kommunikation zu bleiben und vor allem im Dialog miteinander zu sein, sehr, sehr wichtig ist, es aber uns trotzdem nicht immer vor, Konflikten »rettet«. Ich habe gelernt, dass es wichtiger ist Konflikte anzugehen, als ihnen aus dem Weg zu gehen. Ich habe erfahren, dass Konflikte anzugehen nicht einfach aber wichtig ist, wie es auch wichtig ist, gemeinsam zu überlegen, wie wir in der Gruppe oder einzeln damit umgehen können.

Ich lerne, dass ich mich öfters für meine Handlungen entschuldigen muss und zeigen soll, dass ich als Erwachsene nicht fehlerfrei bin.

Ich musste lernen, was mir zum Glück leicht fiel, dass meine Vorschläge nur Vorschläge sind und im Kollektiv, genau wie andere Vorschläge, abgewogen werden und oft nicht angenommen werden, weil sie zum Beispiel als »langweilig« empfunden werden.

Ich habe gelernt, was es bedeutet, »mächtig« und kraftvoll genug zu sein, um selbstständig, selbstwirksam und autonom agieren zu können, von jung an.

Diese Lernmomente sind mit nichts vergleichbar. Sie zählen für mich viel mehr als all die Jahre, in denen ich eine formelle Ausbildung absolviert habe. Sie sind ein Geschenk und ich habe noch viel vor mir.

Zur SVK-Gruppe gehören heute (2017) Yana, Dulce, Cielo, Yolanda, Leoní, Fiona, Yara, Cata, Marimar, Alma, Melody und ich.

Liebe SVK-Mädchen, danke für eure Geschichten, Danke für das Teilen mit mir!

Danke für eure Zeit, Energie, Kraft, fuerza, Empathie! Danke für eure Geduld und euren cariño: Ja, IHR seid mir wahre HELDINNEN!

Danksagungen

VIELEN DANK an Pasquale, Deborah, Sharon, Verónica, an den Verlag w_orten & meer und an uns, SVK!

DANKE an Familie und Freund_innen, die uns auch inspiriert haben!

Ich danke vor allem euch – ihr coolen Socken! Und allen weiteren Aktivist_innen, die Sprache, Macht und Respräsentation herausfordern.
Ihr habt mich inspiriert! (Pasquale)

Gracias & obrigada an alle BPoC Frauen* und Menschen, die uns in unserem Leben begleitet haben (Melody und Olenka)

Hast du ähnliches erlebt?

Hast du auch Freund_innen oder eine Gruppe,
der du alles anvertrauen kannst?

Kannst du dir das vorstellen? Wie wäre es?
Gründe deine eigene Gruppe!